AF301262

FSC
www.fsc.org
MIX
Papier aus ver-
antwortungsvollen
Quellen
Paper from
responsible sources
FSC® C105338

Dieses Buch ist deine Einladung, die tiefere Dimension des REIKI zu erkunden und die transformative Kraft der universellen Lebensenergie auf eine neue Weise zu erleben. Mit Fokus auf die Arbeit mit deinem Inneren Kind erweitert es die Grundlagen des ersten und vor allem des zweiten REIKI-Grades und bietet dir kraftvolle Werkzeuge, um körperliche, emotionale und mentale Blockaden zu lösen. Heilung geschieht hier auf einer ganzheitlichen, tiefen Ebene.

Du lernst, die Symbole des REIKI gezielt anzuwenden und ihr Potenzial zu nutzen, um tiefliegende Muster zu erkennen und zu transformieren. Das Buch zeigt dir praxisnah, wie du die Symbole im Alltag einsetzen kannst, um mehr Klarheit, inneren Frieden und spirituelles Wachstum zu erreichen. Dabei steht dein Inneres Kind im Mittelpunkt – dieser empfindsame und gleichzeitig kraftvolle Anteil in dir, der sich nach Annahme, Liebe und Heilung sehnt.

Inspirierende Einsichten, praktische Übungen und spirituelle Reflexionen machen dieses Buch zu deinem wertvollen Begleiter. Themen wie Selbstliebe, Vergebung, die Würde des Menschen und die Kraft der Stille eröffnen dir neue Möglichkeiten für Wachstum, Sinnfindung und inneren Frieden.

Nimm die Einladung an und begib dich auf eine Reise, die Körper, Geist und Seele berührt. Erlebe, wie REIKI und die Arbeit mit deinem Inneren Kind dein Leben nachhaltig bereichern können.

REIKI
und die Reise zum inneren Kind

Seminare V

REIKI UND DIE REISE ZUM INNEREN KIND - SEMINARE 5

Olaf Reinke

Impressum

Haftungsausschluss: Dieses Buch ist ein Leitfaden zur Einführung in das Thema REIKI und die Arbeit mit dem „Inneren Kind". REIKI kann das persönliche Wohlbefinden fördern. Es ersetzt weder den professionellen Rat eines ausgebildeten REIKI-Anwenders oder eines Arztes, Psychiaters, Psychologen oder Heilpraktikers.

Dieses Buch ist als Anregung und Begleitung zu dem von mir gegebenen Seminar gedacht.

Die Internetlinks sind nach bestem Wissen zusammengestellt. Stand der Links ist der 10.06.2025

Bibliografische Information der Deutschen Nationalbibliothek:
Die Deutsche Nationalbibliothek verzeichnet diese Publikation in der Deutschen Nationalbibliografie; detaillierte bibliografische Daten sind im Internet über http://dnb.dnb.de abrufbar.

Verlag: BoD · Books on Demand GmbH, Überseering 33, 22297 Hamburg, bod@bod.de
Druck: Libri Plureos GmbH, Friedensallee 273, 22763 Hamburg

ISBN: 978-3-8192-4879-5

Inhaltsverzeichnis

Vorwort

Manchmal beginnt etwas Neues nicht mit einem Schritt nach vorn, sondern mit einem Innehalten. Mit einem leisen Atemzug. Mit der zarten Bereitschaft, sich selbst näherzukommen.

Dieses Buch lädt dich ein, dich auf eine besondere Weise zu berühren – nicht nur mit den Händen, sondern mit deinem ganzen Sein. Es lädt dich ein, dein Inneres Kind zu erinnern. Jenes Kind, das einst staunte, lachte, fühlte – und vielleicht auch verstummte. Jenes Kind, das nie verschwunden ist, sondern in dir wartet: auf Annahme, auf Mitgefühl, auf ein JA zu sich selbst.

REIKI ist in diesem Prozess wie eine stille Freundin. Eine Kraft, die nichts fordert, aber alles möglich macht. Eine Energie, die dich begleitet, während du erfährst, dass Heilung kein Ziel ist, sondern eine liebevolle Beziehung – zu dir selbst, zu deinem Lichtkind, zu dem, was du wirklich bist.

Du findest in diesem Buch keine Dogmen, keine fertigen Antworten. Stattdessen findest du Impulse, Rituale, innere Bilder und stille Übungen. Worte, die dich erinnern möchten: Du bist wertvoll. Du darfst fühlen. Du darfst wachsen. Und du darfst lieben – auch das, was in dir bisher unberührt blieb.

Vielleicht spürst du beim Lesen eine Resonanz, ein leises Flüstern, ein inneres Nicken. Vielleicht entstehen Tränen. Vielleicht ein Lächeln. Was auch immer sich zeigt: Alles ist willkommen. Denn alles, was auftaucht, ist Teil deines Weges zurück zu dir.

Ich wünsche dir für deine Reise durch dieses Buch Vertrauen, Achtsamkeit und offene Arme – für das Kind, das du warst. Für den Menschen, der du bist. Und für das Licht, das in dir leuchtet.

Möge REIKI dich dabei liebevoll begleiten.

Olaf Reinke

Das Potenzial von REIKI und der Arbeit mit dem Inneren Kind

Stell dir vor, es gäbe einen Weg, der sanft und zugleich kraftvoll dein Innerstes berührt , ein Weg, der Licht in verborgene Winkel bringt und Wunden heilt, die lange unbeachtet blieben.

REIKI und die Arbeit mit dem Inneren Kind öffnen genau diesen Raum. Sie laden dich ein, tiefer zu fühlen, liebevoll hinzuschauen und dich selbst auf eine neue, ganzheitliche Weise zu erfahren.

Der Begriff *„Inneres Kind"* beschreibt jene Anteile in uns, die aus der Kindheit stammen und unsere Gegenwart prägen – bewusst oder unbewusst. Es sind die inneren Stimmen der Vergangenheit, die flüstern:

„Ich bin nicht gut genug."
„Ich bin allein."
„Ich darf nicht so sein, wie ich bin."

Diese Überzeugungen haben sich oft in Momenten emotionaler Not geformt. Sie wirken wie alte Schablonen, durch die wir die Welt betrachten.

Doch gleichzeitig lebt in uns auch die ursprüngliche Kraft des kindlichen Staunens – der Neugier, der Lebensfreude. Dieses Lichtkind – zart und leuchtend – trägt die Essenz dessen, was uns zutiefst ausmacht. Es erinnert uns daran, wie es sich anfühlt, ganz zu sein.

REIKI, die universelle Lebensenergie, schenkt uns einen Weg, beiden Anteilen zu begegnen: den verletzten ebenso wie den leuchtenden.
Wenn du mit REIKI arbeitest, öffnest du einen Raum, in dem dein Inneres Kind achtsam und sicher gesehen werden kann.
Die heilende Energie fließt dorthin, wo sie gebraucht wird: ohne Zwang, ohne Urteil.
Sie bringt Bewegung in das, was erstarrt war, und Wärme in das, was sich zurückgezogen hatte.

Licht für das Kind in dir:

Ich lege die Hände auf mein Herz und atme in das Kind von einst.

In der Stille höre ich ein Flüstern:
„Ich bin hier. Ich war die ganze Zeit bei dir.
Ich habe gewartet, auf einen Blick, auf ein Wort,
auf deine Hand, die mich hält."

Ich schließe die Augen und antworte:
„Ich sehe dich jetzt. Dein Schmerz, dein Lachen, deine Träume, sie sind mir nicht fremd.
Ich nehme dich an. So wie du bist."

Das Kind lächelt zögerlich: *„Darf ich bleiben?"*

Ich flüstere mit warmem Herzen:
„Ja, bleib, bitte. Du gehörst zu mir.
Und ich verzeih: dir, mir, dem Leben.

Denn jetzt beginnt etwas Neues."

Anwendung der REIKI-Symbole

Wenn du möchtest, kannst du die folgenden Symbole
bewusst einsetzen, um das Feld der Heilung zu
unterstützen:

- **Cho Ku Rei (CKR):**
  Lege deine Hände auf dein Herz und visualisiere
  das Symbol. Es stärkt deinen Schutz, bündelt die
  Energie und zentriert dich. Oft findest du den
  Namen „Kraftsymbol"

- **Sei He Ki (SHK):**
  Nutze es für emotionale Klärung.
  Stelle dir vor, es umhüllt dein Inneres Kind wie ein
  Lichtmantel der Geborgenheit. Es wird auch das
  entalsymbol genannt.

- **Hon Sha Ze Sho Nen (HSZSN):**
  Verbinde dich über Raum und Zeit hinweg mit einer
  Szene aus deiner Kindheit - und sende dorthin
  sanfte Heilung. Manche nennen das Symbol auch
  das „Verbindungssymbol"

Diese Begegnung braucht Mut. Sie führt dich dorthin, wo du vielleicht lange nicht hinschauen wolltest.
Doch gerade dort, im Schatten der alten Geschichten, liegt dein größtes Potenzial zur Heilung. Wenn du bereit bist, dich deinem Inneren Kind zuzuwenden, beginnt ein Prozess der Rückverbindung: Mit deinem Körper, mit deinem Herzen, mit dir selbst.

Die Integration dieser Anteile ist ein liebevoller Akt. Es geht nicht darum, das Kind in dir zu verändern, sondern es zu halten, ihm zuzuhören, es zu umarmen. Das mit all seinen Gefühlen, Bedürfnissen und Erinnerungen. REIKI hilft dir, dabei in deiner Mitte zu bleiben und dich zugleich tief einzulassen.

Psychologische Ansätze, wie die von C. G. Jung, John Bradshaw, Erika J. Chopich, Margaret Paul oder Stefanie Stahl, betonen die Bedeutung dieser inneren Anteile. Sie sprechen vom Schattenkind und Sonnenkind, von Bindungsverletzungen und emotionalen Grundbedürfnissen.

REIKI erweitert diese Sichtweise um eine energetische Dimension: Es macht Heilung nicht nur verständlich, es macht sie spürbar.

Kurzübung zur Kontaktaufnahme mit dem Inneren Kind:

Setze dich in einen ruhigen Raum. Lege deine Hände sanft auf deinen Bauch – dort, wo dein Gefühl wohnt. Atme ruhig. Zeichne innerlich das Symbol Sei He Ki. Stell dir ein kleines Lichtwesen vor, das sich langsam zeigt. Begrüße es still:

„Ich sehe dich. Ich bin bei dir. Du bist sicher."

Verweile mit deinem Atem – in Verbindung.

Heilung bedeutet hier: dem Kind in dir einen sicheren Platz zu geben. Nicht, um es zu „reparieren", sondern um mit ihm in Beziehung zu treten. Um es an die Hand zu nehmen – nicht zurück in die Vergangenheit, sondern in eine neue Gegenwart.

Diese Arbeit verändert dein Erleben. Du wirst achtsamer, mitfühlender, weicher. Und du wirst klarer. Denn wenn das Innere Kind sich gesehen fühlt, beginnt es zu heilen. Und mit ihm heilst auch du – auf allen Ebenen.

Der Weg zu deinem Inneren Kind ist kein Ziel, das man erreicht. Er ist eine Haltung. Eine Entscheidung. Ein sanftes Ja zu dir selbst. Und REIKI ist dabei wie ein treuer Begleiter – still, tief, verbindend. Es erinnert dich daran, dass alles, was du brauchst, bereits in dir ist: die Liebe, die Güte, die Kraft zur Wandlung.

Nimm dir Zeit für diesen Weg. Lass Bilder auftauchen, spüre in dich hinein, höre den leisen Ruf deines Inneren Kindes. Und wenn du magst, halte inne, lege deine Hände auf dein Herz und flüstere:

„Ich bin jetzt für dich da."

Denn genau da beginnt die Heilung – im einfachen, liebevollen Dasein.

Einführung in REIKI: Geschichte, Prinzipien und Methoden

REIKI ist eine liebevolle Kunst der Energieübertragung, die Anfang des 20. Jahrhunderts durch Mikao Usui in Japan wiederentdeckt und in die Welt getragen wurde. Im Herzen von REIKI liegt ein tiefes Verständnis: Es gibt eine universelle Lebensenergie – „Rei" – die alles durchdringt, was lebt, und ein inneres Strömen – „Ki" –, das uns nährt, bewegt und verbindet.

Wenn wir mit dieser Energie in Einklang sind, erfahren wir inneren Frieden, körperliches Wohlbefinden und seelische Ausgeglichenheit. - REIKI lädt uns ein, uns dieser Kraft bewusst zu öffnen – sanft, achtsam und mit offenem Herzen. Es erinnert uns daran, dass Heilung nicht nur das Lösen von Symptomen ist, sondern ein Rückverbinden mit dem, was in uns lebendig, ganz und verbunden ist.

Die Geschichte des REIKI

Die moderne Form von REIKI, wie sie heute in vielen
Teilen der Welt praktiziert wird, geht auf Mikao Usui
(1865–1926) zurück – einen spirituell Suchenden, der sich
tief mit buddhistischen Lehren, Meditation und
Lebensphilosophie beschäftigte. Auf dem Höhepunkt
seiner inneren Suche, während eines mehrtägigen
Rückzugs auf dem heiligen Berg Kurama, erlebte er eine
tiefe Erleuchtung: eine Öffnung für das, was wir heute als
REIKI verstehen – die bewusste Verbindung mit der
universellen Lebensenergie.

Aus dieser Erfahrung heraus entwickelte Usui eine
Methode, durch die diese Energie kanalisiert und zur
Unterstützung von Heilungsprozessen weitergegeben
werden kann. In den 1920er Jahren gründete er in Japan
seine erste Lehrstätte, um das Wissen nicht nur
weiterzugeben, sondern Menschen zu ermutigen, diese
Kraft in sich selbst zu entdecken und zu entfalten.

Einer seiner bedeutendsten Schüler, Dr. Chujiro Hayashi,
vertiefte die Methode weiter und legte großen Wert auf
Struktur und klare Anwendungen. Durch Hayashis
Schülerin Hawayo Takata, eine aus Hawaii stammende
Frau mit japanischen Wurzeln, fand REIKI schließlich
seinen Weg in den Westen. Sie war es, die die Tore für
viele Menschen öffnete, diese Heilkraft zu erfahren –
jenseits von Kulturgrenzen, in der Sprache des Herzens.

So wurde aus einer persönlichen spirituellen Erfahrung ein
Geschenk für die Welt: eine Praxis, die Menschen dazu

einlädt, sich selbst zu begegnen – heilend, liebevoll und im Einklang mit allem, was lebt.

Die Prinzipien des REIKI

Die REIKI-Prinzipien bilden das Fundament der REIKI-Praxis und geben einen ethischen Rahmen, der zu einem bewussten, achtsamen Leben führt. Mikao Usui formulierte diese Prinzipien, um die persönliche und spirituelle Entwicklung seiner Schüler zu fördern. Die fünf grundlegenden Lebensregeln des REIKI lauten:

Gerade heute…

1. … sei frei von Ärger.

2. … sorge dich nicht.

3. … ehre deine Eltern, Lehrer und die Älteren.

4. … verdiene dein Brot ehrlich.

5. … sei dankbar gegenüber allem Lebendigen.

Diese Prinzipien laden dazu ein, den Fokus auf den gegenwärtigen Moment zu richten und sich von belastenden Gefühlen wie Ärger und Sorgen zu befreien. Sie erinnern uns daran, Respekt und Dankbarkeit in unser tägliches Leben zu integrieren und mit Achtsamkeit unseren Weg zu gehen. Die REIKI-Prinzipien sind mehr als nur Leitsätze – sie sind Wegweiser zu innerem Frieden und emotionalem Wohlbefinden.

REIKI als Lebensweg – Eine Einladung zur Heilung und inneren Reifung

REIKI ist weit mehr als eine Methode zur energetischen Harmonisierung – es ist eine liebevolle Lebenskunst. Für viele Menschen wird REIKI mit der Zeit zu einem inneren Weg: zu einer Haltung, die das Leben in seiner Tiefe berührt, in seiner Ganzheit würdigt und durch achtsame Präsenz verwandelt. Wer sich REIKI nicht nur in der Anwendung, sondern in der inneren Haltung öffnet, begegnet einer Kraft, die sowohl sanft als auch kraftvoll durch alle Ebenen des Seins wirkt – körperlich, emotional, geistig und seelisch.

In der Begegnung mit der universellen Lebensenergie erfahren wir nicht nur Entspannung oder Linderung – wir erinnern uns an unseren wahren Wesenskern. An das, was heil, lebendig und verbunden ist. REIKI öffnet Türen nach innen: zu uns selbst, zu unserem Ursprung, zu jenen Anteilen, die gesehen, angenommen und in Liebe integriert werden möchten.

Dieser Weg ist weder dogmatisch noch abgeschlossen – er entfaltet sich mit jedem bewussten Atemzug, mit jeder achtsamen Berührung, mit jedem Moment innerer Hinwendung. Besonders in der Verbindung mit dem Inneren Kind wird deutlich, wie tief REIKI wirken kann: Es hilft, alte Prägungen zu erkennen, innere Spannungen zu lösen und neue Räume der Selbstannahme zu eröffnen.

Die fünf Lebensregeln – Spirituelle Wegweiser in den Alltag

Mikao Usui, der Begründer des REIKI, erkannte, dass wahre Heilung mehr erfordert als die bloße Anwendung von Energie. Sie beginnt mit einer inneren Ausrichtung – einer Geisteshaltung, die Achtsamkeit, Mitgefühl und Dankbarkeit in den Alltag bringt. Aus dieser Erkenntnis heraus formulierte er die fünf Lebensregeln, die bis heute als Herzstück der REIKI-Praxis gelten.

Diese Leitsätze sind keine Gebote, sondern liebevolle Erinnerungen an das, was in uns angelegt ist: die Fähigkeit, bewusst, friedlich und verbunden zu leben. Sie laden ein, immer wieder neu zu beginnen – im Jetzt, an diesem einen Tag, der uns geschenkt ist.

Nur heute – sei frei von Ärger

Ärger trennt uns von unserer Mitte. Er speichert sich in unserem Körper, vernebelt unseren Geist und nährt alte Geschichten von Verletzung und Ohnmacht.
Diese Regel lädt dazu ein, Wut nicht zu unterdrücken, sondern ihren Ursprung zu verstehen und sie in heilender Weise zu verwandeln.
Im Licht von REIKI und in der achtsamen Verbindung mit dem Inneren Kind darf sich zeigen, was lange verborgen war. In einem geschützten Raum kann angenommen,

gefühlt – und schließlich losgelassen werden, was einst
überforderte.

Nur heute – sorge dich nicht

Sorgen entspringen oft dem Gefühl von Kontrollverlust
und innerer Unsicherheit. Sie engen den Blick ein und
trennen uns von der Lebendigkeit des Augenblicks.
REIKI lädt uns ein, in das Vertrauen zurückzufinden: in die
eigene Kraft, in den Fluss des Lebens und in das größere
Ganze, das uns trägt.
Gerade für das Innere Kind, das einst Sicherheit suchte
und nicht fand, kann diese Regel wie ein heilender Anker
wirken. Sie öffnet einen Raum, in dem Geborgenheit
spürbar wird – nicht durch äußere Umstände, sondern
durch innere Stabilität.

Ehre deine Eltern, Lehrer und die Älteren

Diese Regel erinnert uns an die Kraft des Respekts – nicht
im Sinne blinder Loyalität, sondern als Ausdruck reifer
Anerkennung.
Auch wenn unsere Bezugspersonen uns nicht immer
gerecht wurden, dürfen wir anerkennen, dass sie Teil
unserer Geschichte sind.
REIKI hilft dabei, Urteile aufzulösen und in eine Haltung
des Verstehens und der Vergebung zu finden. So entsteht

ein innerer Frieden, der nicht abhängig ist von äußeren
Versöhnungen, sondern von der Klarheit des Herzens.

Verdiene dein Brot ehrlich

Diese Regel spricht die Aufrichtigkeit im Tun und Sein an.
Es geht nicht nur um Erwerb, sondern um Integrität, um
ein Leben in Übereinstimmung mit den eigenen Werten.
Wenn wir ehrlich wirken – mit unseren Gaben, mit unseren
Schwächen, mit unserer Wahrheit – entsteht eine stille
Kraft, die das Selbstwertgefühl nährt.
Für das Innere Kind bedeutet das, sich selbst als wertvoll
zu erkennen – unabhängig von Leistung oder
Anerkennung im Außen. REIKI unterstützt diesen
Prozess, indem es die Verbindung zu unserem wahren
Potenzial stärkt.

Sei dankbar gegenüber allem Lebendigen

Dankbarkeit ist eine der tiefsten Formen spiritueller
Öffnung. Sie verbindet uns mit der Quelle, lässt uns das
Leben mit anderen Augen sehen und verwandelt selbst
Schmerz in Erkenntnis.
Diese Regel lädt ein, nicht nur für das Offensichtliche
dankbar zu sein, sondern auch für die verborgenen
Geschenke in unseren Herausforderungen.
In der Arbeit mit dem Inneren Kind wird Dankbarkeit zum
Schlüssel: Sie verwandelt Mangel in Fülle, Trennung in

Verbindung und heilt, was sich einst ungeliebt fühlte. REIKI intensiviert diese Erfahrung, indem es uns hilft, das Herz zu öffnen – für das Leben in all seinen Facetten.

Ein Weg der Rückverbindung

Die fünf Lebensregeln sind mehr als Worte. Sie sind gelebte Achtsamkeit, spirituelle Ausrichtung und heilsame Erinnerung. In Verbindung mit REIKI entstehen daraus tägliche Rituale, Momente der Einkehr, Impulse der Selbsterforschung und tiefe innere Wandlung.

Diese Praxis ist kein starres Konzept – sie ist lebendig. Sie wächst mit dir, verändert sich, berührt. Und sie ruft dich immer wieder zurück:

> - Zu deinem Atem.
> - Zu deinem Herzen.
> - Zu deinem Ursprung.

Übung: In Rückverbindung mit deinem Ursprung
Eine achtsame Begegnung mit den fünf Lebensregeln im Licht von REIKI

Nimm dir einen Moment der Stille.
Ein Moment, der nur dir gehört – frei von Anforderungen, frei von Eile.
Setze dich bequem hin oder lege dich entspannt hin, so wie du dich sicher und getragen fühlst.
Schließe sanft deine Augen und spüre deinen Atem. Lass ihn kommen und gehen, ohne ihn zu verändern. Er erinnert dich daran: Du bist hier. Du bist lebendig. Du bist genug.

Atme nun bewusst ein paar Mal tief durch – und erlaube dir, bei dir selbst anzukommen.

Stell dir vor, du betrittst einen inneren Raum der Achtsamkeit.
Ein Ort in dir, an dem du dir selbst ganz ehrlich begegnen darfst – offen, mitfühlend und ohne Urteil.
Hier fließt die Essenz der fünf Lebensregeln wie ein stiller Strom – nicht als Vorschrift, sondern als liebevolle Einladung.

Du kannst – wenn du mit den REIKI-Symbolen vertraut bist – diesen Raum nun energetisch segnen und stärken.
Zeichne in Gedanken oder mit der Hand vor deinem Körper das **Kraftsymbol (CKR)** – es schützt, zentriert und aktiviert deine innere Klarheit.
Lade das **Mentalsymbol (SHK)** ein, um auf sanfte Weise

deine Gedanken- und Gefühlswelt mit Bewusstsein zu durchlichten.
Wenn du möchtest, kannst du auch das Verbindungssymbol (HSZSN) einsetzen – es hilft, die Weisheit deiner Vergangenheit mit dem Licht deines heutigen Bewusstseins zu verweben.

Verweile nun in der stillen Präsenz dieser fünf Sätze. Du kannst sie nacheinander innerlich sprechen – oder sie einfach in deinem Herzen wirken lassen:

> *Nur heute sei frei von Ärger*
> *Nur heute sorge dich nicht*
> *Ehre deine Eltern, Lehrer und die Älteren*
> *Verdiene dein Brot ehrlich*
> *Sei dankbar gegenüber allem Lebendigen*

Lass jeden dieser Leitsätze wie einen sanften Impuls durch deinen Körper und dein Energiefeld fließen.
Spüre, ob sich etwas bewegt, beruhigt oder weitet.
Vielleicht tauchen Bilder auf, Erinnerungen, Gefühle – nimm sie liebevoll wahr. Alles darf da sein.

Erlaube dir, zu fühlen, was dich stärkt.
Was dich erinnert.
Was dich zurückführt – zu deinem Herzen, zu deiner Wahrheit, zu deinem Ursprung.

Bleibe so lange in diesem inneren Raum, wie es dir guttut.
Und wenn du bereit bist, nimm einen tiefen Atemzug –

öffne langsam deine Augen – und kehre mit einem Gefühl der Verbundenheit in den Moment zurück.

Du kannst diese Übung täglich wiederholen – als spirituelle Ausrichtung, als heilsames Ritual, als Rückverbindung zu dem, was in dir lebendig ist.

Eine weitere Übung zur täglichen Ausrichtung mit Affirmation und REIKI-Energie

Finde einen ruhigen Moment nur für dich - einen heiligen Augenblick, in dem du dich dir selbst zuwendest.
Setze dich bequem hin und schließe sanft die Augen.
Spüre deinen Atem – wie er kommt und geht. Er braucht keine Anstrengung, er ist einfach da. Er erinnert dich daran: Du bist lebendig. Du bist verbunden.

Lege deine Hände - wenn du magst - eine Hand auf dein Herz, die andere auf deinen Bauch. Lass Wärme und Zuwendung fließen.
Nimm dich selbst wahr, ganz ohne Bewertung. Einfach da sein. Jetzt.

Wenn du mit den Symbolen des REIKI II vertraut bist, kannst du sie in Gedanken oder mit der Hand in deinen Energieraum zeichnen.
Beginne mit dem Kraftsymbol (CKR) – es stärkt deine Ausrichtung, zentriert und erdet dich. Lass seine Kraft wie ein schützender Kreis um dich wirken.
Dann aktiviere – wenn du möchtest – das Mentalsymbol

(SHK), um tiefer mit deinem Inneren Kind in Verbindung zu treten. Es bringt Licht in alte Gedanken- und Gefühlsmuster und öffnet einen Raum der Heilung.
Zum Abschluss kannst du – je nach Bedürfnis – das Verbindungssymbol (HSZSN) einladen, um über Zeit und Raum hinweg heilende Energie in vergangene Situationen oder verletzte innere Anteile fließen zu lassen.

Lass nun die folgenden Worte tief in dein Herz sinken. Sprich sie laut oder leise – ganz so, wie es sich für dich stimmig anfühlt:

„Ich entscheide mich, heute frei zu sein von Ärger und Sorgen.
Ich ehre das Leben, so wie es ist.
Ich handle in Aufrichtigkeit und öffne mein Herz für Dankbarkeit.
Ich bin bereit, mein Inneres Kind mit Liebe zu umarmen – und mich selbst als ganz und heil zu erfahren."

Spüre, wie sich mit jedem Wort etwas in dir ordnet, beruhigt und öffnet. Vielleicht nimmst du Wärme wahr, ein inneres Leuchten, oder einfach nur Stille – auch das ist heilsam.

Verweile einen Moment in diesem Raum – geschützt, gehalten, verbunden.
Wenn du magst, kannst du zum Abschluss deine Hände auf dein Herz legen und ein inneres Danke sprechen – an dich, an das Leben, an die Kraft, die durch dich wirkt.

Atme noch einmal tief ein – und aus.
Dann öffne langsam die Augen und nimm dieses Gefühl

mit in deinen Tag: Du bist geführt. Du bist verbunden. Du bist auf deinem Weg.

Die Lebensregeln als Herzbrücke zum Inneren Kind

Die fünf Lebensregeln sind mehr als spirituelle Leitlinien – sie sind lebendige Wegbegleiter auf dem Pfad zu innerer Reife, Selbstannahme und Heilung.
Wenn wir beginnen, unser Inneres Kind nicht nur zu verstehen, sondern es liebevoll in unser heutiges Bewusstsein einzuladen, braucht es vor allem eines: Sicherheit. Einen Raum, in dem es sich zeigen darf, ohne Angst vor Ablehnung. Einen Raum, der getragen ist von Klarheit, Mitgefühl und einer tiefen, verlässlichen Ausrichtung.

Genau hier entfalten die Lebensregeln ihre stille Kraft: Sie schenken Halt, Orientierung und eine Atmosphäre innerer Geborgenheit.
So wie Erika J. Chopich beschreibt, dass das Innere Kind besonders dann Heilung erfährt, wenn es sich in einem stabilen, liebevollen Umfeld gehalten weiß, so bieten uns diese fünf Sätze einen inneren Resonanzraum, in dem alte Verletzungen sich lösen dürfen – in ihrem eigenen Tempo, im Licht der Achtsamkeit.

Besonders die Regel „Sei dankbar gegenüber allem Lebendigen" birgt eine tiefe, verwandelnde Energie. Dankbarkeit öffnet unser Herz – nicht nur für das, was leicht und schön war, sondern auch für das, was uns

geformt hat, selbst wenn es schmerzlich war.
In Verbindung mit dem Gedanken der Radikalen
Vergebung, wie Colin Tipping ihn lehrt, kann sich daraus
ein machtvoller Schlüssel ergeben: Wenn wir beginnen,
auch in schwierigen Erfahrungen einen Sinn zu erkennen,
erwächst aus der Dankbarkeit ein leiser Friede.
Ein Friede, der nicht beschönigt, sondern heilt.

REIKI unterstützt diesen Prozess wie ein sanftes,
durchlichtendes Strömen. Es löst Blockaden, die im
Energiesystem durch alte Erfahrungen gebunden sind,
und hilft, das Innere Kind energetisch in ein neues
Empfinden von Sicherheit und Selbstannahme zu führen.

Einladung zur inneren Schau:

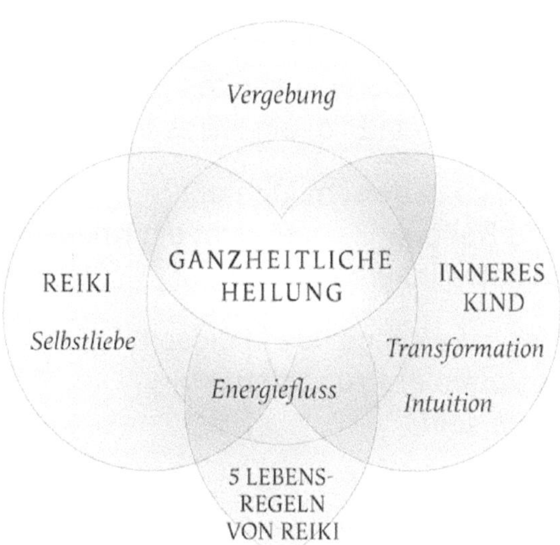

Wenn du magst, schließe für einen Moment die Augen –
oder betrachte in Ruhe das Bild vor dir.

Atme tief ein – und aus.
Lass deinen Blick weich werden.
Spüre, wie sich die Felder der drei Kreise sanft berühren.
Dort, wo sie sich überschneiden, entsteht ein Raum – ein
leuchtender Mittelpunkt, der nichts fordert und doch alles
einlädt.

Dieser Raum ist kein Ziel – er ist immer schon da.
Ein Feld der Ganzheit, in dem alles in dir willkommen ist:

deine Freude und deine Zweifel, deine Sehnsucht, dein
Mut, dein Licht.

Lenke deine Aufmerksamkeit behutsam in diesen inneren
Schnittpunkt.
Vielleicht nimmst du dort ein sanftes Pulsieren wahr.
Vielleicht ein Licht, ein Bild, ein leises inneres Nicken.

Was berührt dich in diesem Moment?
Wo spürst du Resonanz – vielleicht ein Kribbeln, eine
Wärme, ein tiefes inneres Ja?

Verweile für einige Atemzüge in diesem Raum –
ohne etwas verändern zu wollen.
Einfach nur da sein.
So wie du bist.

Und wenn du dich wieder dem Alltag zuwendest, nimm
diesen Raum mit – als inneres Leuchten, als Erinnerung
an das, was bereits in dir lebendig ist:

     Selbstliebe
     Transformation
     Energiefluss
     Vergebung
     Intuition

Du musst nichts hinzufügen.
Du darfst dich erinnern.
Denn alles, was du brauchst, ist bereits in dir.

Die Synthese von REIKI und europäischem Bewusstseinsweg – eine Einladung zur ganzheitlichen Seelenarbeit

REIKI ist eine Weisheitslehre, deren Wurzeln tief in der spirituellen Erfahrung des Ostens verankert sind – und zugleich eine Methode, die offen ist für Integration, Wandlung und kulturelle Weitung.
In der achtsamen Begegnung mit den fünf Lebensregeln begegnen wir nicht nur Prinzipien der Energieharmonie – wir begegnen einem ethischen Fundament, das auch in westlichen Gedankenwelten kraftvolle Entsprechungen findet.

So erinnert etwa Romano Guardini, der als Brückenbauer zwischen Spiritualität und moderner Lebensführung gilt, daran, dass der Mensch nur dann wahrhaft reift, wenn er lernt, sich immer wieder bewusst zu entscheiden: für Aufrichtigkeit, für Mitgefühl, für eine Haltung, die nicht im Automatismus des Alltags verharrt, sondern im inneren Erkennen wurzelt.
Diese Haltung finden wir auch im REIKI wieder - denn auch hier sind es keine starren Regeln, sondern gelebte Ausrichtungen, die uns helfen, in Verbindung zu bleiben: mit uns selbst, mit anderen, mit dem größeren Ganzen.

Erika J. Chopich, Mitbegründerin der Inneren-Kind-Arbeit, weist darauf hin, wie sehr unser innerer Heilungsprozess von einem stabilen inneren Rahmen abhängig ist.
Nur wenn wir uns selbst in einem liebevollen, achtsamen Raum halten – so wie ihn die fünf Lebensregeln eröffnen – kann das Innere Kind beginnen, sich zu zeigen und alte

Schutzmechanismen sanft loszulassen.
Die Orientierung an Werten wie Dankbarkeit,
Wahrhaftigkeit und Respekt wirkt dabei wie eine
energetische Einladung an diesen verletzlichen Anteil in
uns: „Du darfst jetzt sicher sein. du darfst wachsen. du bist
willkommen."

Auch Robert Betz spricht in seinen
Transformationsansätzen von der Verantwortung, die
jeder Mensch für sein eigenes Leben trägt. In seiner
Sprache klingt durch, was auch der REIKI-Weg vermittelt:
Dass wir keine Opfer vergangener Umstände bleiben
müssen – sondern bewusste Gestalter unseres inneren
Erlebens sein können.
Dieser Gedanke entfaltet eine enorme Kraft, wenn er mit
der Praxis des REIKI verbunden wird. Denn REIKI macht
spürbar, was Worte oft nur andeuten: Dass Heilung nicht
nur ein innerer Entschluss, sondern auch ein
energetisches Geschehen ist.
Ein Schwingen, das sich auf allen Ebenen vollzieht – im
Körper, im Gefühl, im Denken und in der Seele.

Wenn sich die östliche Weisheit des REIKI mit den
psychologisch-philosophischen Reflexionen des Westens
verbindet, entsteht eine Seelenarbeit, die alle Ebenen des
Menschseins einbezieht. Sie lädt uns ein, nicht nur
Erkenntnis zu gewinnen, sondern diese Erkenntnis im
Alltag zu leben – in der Art, wie wir denken, fühlen, atmen,
handeln.

Die fünf Lebensregeln stehen dabei wie stille Säulen inmitten unserer inneren Bewegung.
Sie erinnern uns:

- dass Frieden beginnt, wenn wir den Ärger loslassen.

- dass Vertrauen wachsen kann, wenn wir die Sorgen nicht mehr nähren.

- dass Würde entsteht, wenn wir andere und uns selbst achten.

- dass Fülle sich zeigt, wenn wir aufrichtig wirken.

- und dass Liebe durchscheint, wenn wir das Leben in seiner ganzen Tiefe würdigen.

In dieser Synthese liegt keine Beliebigkeit, sondern ein zutiefst heilsamer Ruf nach Verbindung – zwischen Himmel und Erde, zwischen Verstand und Herz, zwischen den Kulturen und Zeiten.

Es ist ein Ruf, der uns erinnert:

Wir tragen die Weisheit in uns.
Und wir dürfen sie leben – mit Achtsamkeit, mit Liebe und mit der Kraft, die durch REIKI sichtbar und spürbar wird.

In der Tiefe verwurzelt – im Alltag lebendig

Wenn wir beginnen, die Lebensregeln nicht nur zu lesen, sondern sie zu *verkörpern*, verwandeln sie sich von Gedanken zu gelebter Erfahrung.
Sie werden zu einer inneren Haltung – leise, kraftvoll, tragend.
Jeder Tag bietet uns die Möglichkeit, diese Haltung neu zu wählen: im Umgang mit uns selbst, im Gespräch mit anderen, in Momenten der Stille oder der Herausforderung.

Die Verbindung mit REIKI stärkt diesen Prozess – nicht als Technik allein, sondern als Ausdruck einer liebevollen Hinwendung zu allem, was in uns lebt.
REIKI erinnert uns daran, dass Heilung nicht immer laut oder spektakulär sein muss. Manchmal geschieht sie im Stillwerden.
Im Verzeihen.
Im Wieder-Vertrauen.
Im Annehmen dessen, was war – und dem Mut, es heute anders zu leben.

In der Arbeit mit dem Inneren Kind erleben wir oft, wie tief vergangene Erfahrungen in unserem Körpergedächtnis und unserem emotionalen Erleben verankert sind.
Doch gerade hier, in diesen zarten inneren Räumen, kann REIKI wie ein sanftes Licht wirken: Es berührt, es durchlichtet, es wandelt.
Die Lebensregeln geben dieser Wandlung einen Rahmen. Sie sind wie Türen, die wir jeden Tag erneut öffnen dürfen – in Richtung Mitgefühl, Klarheit und Selbstverantwortung.

Dieser Weg ist kein Ziel, das erreicht werden muss.
Er ist ein Sein im Werden.
Ein Erinnern an das, was in uns schon immer heil war –
und was durch Achtsamkeit und Zuwendung wieder
spürbar werden darf.

Wenn wir also sagen: *„REIKI ist ein täglicher Weg zur
Achtsamkeit und Heilung"*,
dann meinen wir damit auch:
Ein Weg zu uns selbst.
Ein Weg in eine innere Welt, die nicht getrennt ist von der
äußeren, sondern unsere Welt ist durch unsere Präsenz,
unser Handeln und unser Fühlen mitgestaltet.

So darf aus der täglichen Praxis ein innerer Ruf entstehen
– ein sanftes, aber kraftvolles Ja zum Leben.
Und mit jedem Ja wächst etwas in uns heran: Vertrauen.
Klarheit. Liebe.

Das Lichtkind in dir – die Erinnerung an dein wahres Wesen

In der Tiefe deines Seins lebt etwas Unversehrtes.
Ein innerer Kern – oft verborgen, manchmal vergessen,
doch niemals verloren. Dieses Lichtkind, wie manche es
nennen, ist nicht nur ein verletzter Anteil, sondern auch
ein lebendiger Ausdruck deiner ursprünglichen Kraft.

Es erinnert dich daran, wer du bist (warst), bevor dich
Erziehung, Prägungen, Ängste und Rollen geformt haben.

REIKI kann in diesem heilsamen Prozess wie eine
lichtvolle Begleitung wirken. Nicht als etwas, das repariert,
sondern als eine Kraft, die dich liebevoll zurückführt, zu
deinem inneren Ursprung, zu deiner Essenz.

Es geht nicht darum, perfekt zu werden.
Es geht darum, *ganz* zu sein.

Mit allem, was du bist, auch mit dem, was einst
weggeschoben wurde.

Wenn du REIKI in dein Leben integrierst, entsteht ein
feiner Raum – ein energetisches Feld der Annahme.
Hier darf sich das Lichtkind zeigen. Nicht auf Knopfdruck,
nicht aus Pflicht, sondern dann, wenn es bereit ist.
In diesem geschützten Raum kann das, was lange im
Schatten lag, sanft ins Licht treten.
Nicht um bewertet zu werden, sondern um gehalten zu
sein.

Diese Verbindung bringt keine Überforderung, sondern
eine Einladung:

Langsam. Achtsam. Wahrhaftig.

Du gehst nicht zurück in die Vergangenheit, du gehst nach

innen. Und dort beginnt sich etwas zu lösen, zu wandeln, zu erinnern. Nicht, weil du musst, sondern weil etwas in dir *möchte*.

In dieser Begleitung durch REIKI geschieht nicht nur energetische Harmonisierung: es geschieht Verbindung.

Verbindung mit dem, was in dir nach Liebe ruft.
Verbindung mit deinem eigenen Licht.
Verbindung mit der stillen Weisheit deines Herzens.

Wenn du dich immer wieder diesem Raum öffnest, wächst etwas in dir heran:

ein stilles Vertrauen in dich selbst.
eine liebevolle Sicht auf deine Geschichte.
eine neue Offenheit für das Leben.

Das Lichtkind in dir ist nicht die Vergangenheit.
Es ist ein lebendiger Anteil deiner Seele, ein innerer Kompass, der dich erinnert, wie es ist, frei, verbunden und ganz zu sein.

REIKI hilft dir, diesen Anteil zu nähren. Nicht, indem du etwas wirst, sondern indem du dich daran erinnerst, was du schon immer warst.

Warum REIKI die Arbeit mit dem Inneren Kind auf besondere Weise vertiefen kann

REIKI ist mehr als nur eine Methode der Energieheilung. Es ist eine feine, universelle Sprache, die Körper, Geist und Seele berührt. In der Verbindung mit der Inneren-Kind-Arbeit entfaltet sich eine tiefgreifende Dimension der Heilung, die nicht nur Symptome lindert, sondern uns auf sanfte Weise an unsere ursprüngliche Ganzheit erinnert.

Was wir als Erwachsene oft verdrängen, lebt in den Tiefen unseres Unterbewusstseins weiter. Die verletzlichen Anteile, das ungelebte Bedürfnis nach Zuwendung, die frühen emotionalen Prägungen – all das wirkt weiter in unserem Denken, Fühlen und Handeln. Robert Betz spricht in diesem Zusammenhang von den "inneren Programmen", die in der Kindheit angelegt wurden und unser Leben wie durch ein unsichtbares Drehbuch steuern. REIKI bietet hier einen Zugang, der nicht auf das Nachdenken setzt, sondern auf das unmittelbare Erleben von Annahme und energetischer Neuordnung.

Wenn REIKI beginnt zu wirken, geschieht etwas, das sich jeder Erklärung entzieht. Es ist, als öffne sich ein inneres Tor – leise, unspektakulär, und doch mit der Kraft, die Welt in uns zu verwandeln. Ein Strom aus Licht, warm und klar, beginnt zu fließen. Er sucht sich seinen Weg dorthin,

wo das Herz schon lange auf Heilung wartet.
Und dort, in der Tiefe – jenseits aller Worte – begegnet er
dem Lichtkind.

Dieses Kind – nicht nur Symbol, sondern lebendige
Wirklichkeit in uns – trägt Spuren der Erinnerung.
Angst, Ablehnung, Einsamkeit – nicht selten ist es in
einem Kokon aus Schweigen gehüllt. Doch REIKI klopft
nicht an. Es zwingt nicht. Es wartet nicht.
Es umarmt. Es berührt.

In diesem Moment, so beschreibt es Chuck Spezzano,
geschieht der „heilige Augenblick der Wandlung".
Nicht durch Verstehen, sondern durch Liebe.
Nicht durch Analyse, sondern durch Gegenwärtigkeit.
REIKI ist die stille Kraft, in der Trennung schmilzt.
Ein Strom der Annahme, der durch alle Widerstände fließt
– wie Wasser durch trockene Erde.

Und plötzlich, wie von innen heraus:

Ein Aufatmen.
Ein „Ich darf sein".
Ein „Ich bin gemeint".

Die Gedanken Romano Guardinis über Reifung als
bewusste Hinwendung leuchten hier in einem neuen Licht.
Denn diese Hinwendung beginnt nicht im Geist – sondern
im Herzraum. REIKI öffnet diesen Raum nicht nur – es
bewohnt ihn. Und so darf das Innere Kind in diesem Feld

der Liebe zu fühlen beginnen, dass es nicht mehr kämpfen muss. Dass es nicht mehr funktionieren muss.
Dass es einfach… da sein darf.

Auch die Bilder von Stefanie Stahl – das Schattenkind, das Sonnenkind – beginnen in dieser Umarmung zu tanzen. Nicht, um sich zu bekämpfen, sondern um sich wiederzufinden. Der Schatten wird nicht weggeschoben – er wird gehört. Das Sonnenkind wird nicht gefordert – es darf leuchten.

Denn REIKI urteilt nicht. Es heilt.

Und dort, wo Worte versagen – wo das Verstehen endet und das Fühlen beginnt – erinnert uns REIKI an das, was Vera F. Birkenbihl einst so treffend formulierte:
Dass neue emotionale Erfahrung die einzige Sprache ist, in der alte Wunden wirklich ge-/verwandelt werden können.

REIKI spricht diese Sprache fließend. Es fließt dorthin, wo der Verstand nicht mehr folgen kann. In jene frühen Räume in uns, wo Sprache noch stumm war – aber das Gefühl lebendig. Dort, wo die Trennung begann, bringt REIKI die Berührung zurück. Eine Berührung, die nicht fragt. Die nicht will. Die einfach liebt.

Und aus dieser Berührung erwächst ein Wissen, das wir
lange vermisst haben:

Dass wir genug sind.
Dass wir heil sind – nicht irgendwann, sondern *jetzt*.
Dass wir das Licht nicht verdienen müssen – weil es
längst in uns leuchtet.

Die Arbeit mit dem Inneren Kind ist ein Weg zurück zum
Ursprung. Und REIKI ist dabei wie ein sanftes Licht, das
diesen Weg erhellt. Es schafft einen energetischen
Schutzraum, der nicht urteilt, sondern hält. Einen Raum, in
dem die emotionale Verarbeitung, das Loslassen von
Schmerz und das Einladen von Freude zugleich
geschehen dürfen. Diese Form der energetischen
Seelenpflege öffnet die Tür zu einer neuen inneren
Freiheit.

Heilung geschieht nicht im Denken, sondern im Erleben.
Wenn die Lebensenergie wieder zu fließen beginnt, wenn
der Geist zur Ruhe kommt und das Herz sich öffnet, dann
können wir wahrhaft in Kontakt mit uns selbst treten.
REIKI hilft dabei, diesen Moment nicht nur zu erreichen,
sondern ihn zu verankern – als lebendige Erinnerung an
unsere innere Kraft.

In dieser Verbindung von östlicher Heilarbeit und
westlicher psychologischer Tiefe entsteht etwas
Kostbares: ein Erfahrungsfeld, das sowohl energetisch als
auch emotional trägt. Ein Raum, in dem das Lichtkind in

uns wieder strahlen darf – frei von Schuld, frei von Angst, getragen von Liebe.

REIKI ist keine Technik. Es ist eine Einladung. Eine Einladung, nach Hause zu kommen. Zu dir.

Ein liebevolles Selbstexperiment: Briefe an dein Inneres Kind

Manchmal braucht es nur einen kleinen, achtsamen Moment, um eine große Veränderung in Gang zu setzen. Dieses Selbstexperiment lädt dich ein, eine besondere Verbindung zu deinem Inneren Kind herzustellen – liebevoll, behutsam und in deinem eigenen Tempo.

Nimm dir einen ruhigen Augenblick und suche dir einen Ort, an dem du ungestört bist. Bereite dir ein Blatt Papier und einen Stift vor. Du schreibst einen Brief an dein Inneres Kind, an jenen empfindsamen und kraftvollen Teil in dir, der all deine Kindheitserfahrungen in sich trägt. Beginne mit einer liebevollen Anrede, wie: *„Mein liebes Inneres Kind...“* oder *„Mein geliebtes Ich von damals...“*.

Lass deine Worte aus deinem Herzen kommen. Schreibe, dass du bereit bist, ihm zuzuhören – seinen Sorgen, seinen Freuden und auch seinen Erlebnissen, die lange ungesagt geblieben sind. Teile deinem Inneren Kind mit, dass du es genauso annimmst, wie es ist, und dass du für es da bist. Drücke deine Wertschätzung und Liebe aus und lade es ein, sich zu zeigen, wann immer es sich danach fühlt. Dein Brief könnte in etwa so klingen:

„Mein liebes Inneres Kind,
ich möchte, dass du weißt, dass ich jetzt für dich da bin.
Ich weiß, dass du vielleicht lange darauf gewartet hast,
gehört und gesehen zu werden, und ich verspreche dir,
dass ich dir meine volle Aufmerksamkeit schenke. Was
auch immer dich bewegt – deine Freuden, deine Ängste,
deine Träume und auch deine Wunden – alles ist
willkommen. Du bist wertvoll und geliebt, genauso, wie du
bist. Ich freue mich darauf, dich besser kennenzulernen.“

Lege deinen Brief an einen sicheren Ort und halte leeres Papier bereit. In den nächsten Tagen, vielleicht sogar unerwartet, könnte ein Impuls in dir aufsteigen – ein inneres Bedürfnis, das du nicht ignorieren solltest. Dein Inneres Kind könnte dir antworten wollen. In diesem Moment, nimm dir Zeit, setz dich mit dem leeren Papier hin und lasse deine Gedanken und Gefühle frei fließen. Schreibe, ohne zu zögern oder zu bewerten. Die Worte, die entstehen, könnten dich überraschen – sie kommen direkt aus deinem Inneren.

Dieser „Antwortbrief" ist mehr als nur Worte auf Papier. Er ist ein Geschenk deines Inneren Kindes, das dir seine Gedanken und Gefühle anvertraut. Du kannst diesen Brief als Grundlage für eine tiefgehende REIKI-Sitzung nutzen. REIKI wird dir helfen, die Worte zu integrieren, die Energien zu harmonisieren und dir inneren Frieden zu schenken.

Erlaube dir, diesen Prozess mit Offenheit und Liebe zu erleben. Vielleicht wird er eine neue Tür zu dir selbst öffnen – zu mehr Selbstannahme, innerer Stärke und heilsamer Verbindung mit deinem Inneren Kind.

Stärkung von Vertrauen und Intuition

Stell dir vor, du betrittst einen Raum, der erfüllt ist von Sicherheit, Liebe und Geborgenheit – ein Raum, in dem nichts von dir erwartet wird, außer da zu sein. Genau das ist es, was REIKI dir schenkt. Hier darf alles, was in dir ruht – Ängste, Zweifel, Hoffnungen und Bedürfnisse – seinen Platz finden. Dieser Raum ist eine Einladung, dein Inneres Kind zu begrüßen und ihm aufmerksam und liebevoll zuzuhören.

Das Innere Kind trägt oft Erinnerungen an Momente, in denen Vertrauen verletzt oder nicht ausreichend genährt wurde. Vielleicht spürst du das als Unsicherheiten, die dich heute noch begleiten. REIKI kann dir helfen, dieses Vertrauen wieder aufzubauen – in dich selbst, in das Leben und in die heilenden Kräfte, die tief in dir schlummern. Die universelle Lebensenergie unterstützt dich dabei, alte Blockaden sanft zu lösen und wieder Zugang zu deiner inneren Stärke zu finden.

In einer REIKI-Sitzung darfst du loslassen, ohne etwas kontrollieren oder erzwingen zu müssen. Du wirst spüren, wie die Energie fließt und dir genau das schenkt, was du in diesem Moment brauchst. Dabei kann das Innere Kind, das so lange im Hintergrund gewartet hat, nach und nach seine Stimme erheben. REIKI stärkt diese Verbindung und lädt dich ein, aufmerksam zu lauschen – ohne Bewertung, mit offenem Herzen.

Was sich in diesem Prozess entfaltet, ist nicht nur ein Gefühl von Heilung, sondern auch ein neues Vertrauen in deine Intuition. Diese innere Stimme, die vielleicht lange überhört wurde, wird durch REIKI wieder klarer und deutlicher. Sie hilft dir, deine Bedürfnisse, Gefühle und Wunden zu erkennen und ihnen Raum zu geben. Dein Inneres Kind wird nicht nur gehört, sondern auch geachtet – eine Brücke entsteht zwischen dem verletzlichen Kind in dir und dem Erwachsenen, der jetzt für es da sein kann – endlich für es da ist!

REIKI zeigt dir, dass du nicht allein bist. Es ist eine liebevolle Begleitung, die dich ermutigt, Verantwortung für deinen Heilungsprozess zu übernehmen. Dabei gehst du nicht alleine – REIKI schafft eine Verbindung zwischen dir und deinem REIKI-Vermittler, die dich stärkt und trägt. Gemeinsam entsteht eine Energie, die tiefgreifende Veränderungen möglich macht und dir die Sicherheit gibt, dich diesem Prozess voll und ganz hinzugeben.

Diese Erfahrung geht über den Moment hinaus. Das Vertrauen, das du während der REIKI-Sitzung gewinnst, wird zu einem stabilen Fundament, auf dem du weiter wachsen kannst. Es hilft dir, Blockaden zu lösen und die Botschaften deines Inneren Kindes nicht nur zu hören, sondern auch anzunehmen und in deinem Leben umzusetzen. Mit jeder REIKI-Sitzung kehrst du ein Stück mehr zu dir selbst zurück – zu deinem Inneren Kind, zu deiner Intuition und zu deiner eigenen Kraft.

REIKI lädt dich ein, das Abenteuer der Selbsterkenntnis zu beginnen. Es erinnert dich daran, dass Heilung kein Kampf ist, sondern ein liebevoller Prozess des Entfaltens, des „sich Entwickelns", der in dir beginnt. Die universelle Lebensenergie führt dich behutsam zu einem tieferen Verständnis deiner selbst und zeigt dir, dass du in deiner Essenz bereits vollständig bist. Lass dich auf diesen Prozess ein – mit Vertrauen, Liebe und der Bereitschaft, dich selbst anzunehmen. Hier, in diesem Raum der Sicherheit und Geborgenheit, wartet eine Welt voller Harmonie, Freude und Selbstannahme auf dich.

Die innere Balance – REIKI als energetische Stütze zur Heilung emotionaler Wunden

Wenn wir in einen REIKI-Raum eintreten, ist es, als würde sich der Atem des Universums behutsam in unsere Zellzwischenräume legen. Die Hand, die ruht, sagt nichts und doch erzählt sie unserem Nervensystem von Sicherheit, Zugehörigkeit und bedingungsloser Annahme. In dieser wortlosen Umarmung lösen sich die Panzer aus Kontrolle, die unser Inneres Kind so lange getragen hat. Es darf sich zeigen, wie es wirklich ist: neugierig, empfindsam, manchmal auch verängstigt. REIKI bietet ihm kein Urteil, sondern einen vibrierenden Schoß aus Wärme, in dem es erstmals wieder spielen, weinen, staunen darf.

Doch selbst die feinste Energie gerät an Grenzen, wenn alte Glaubenssätze wie stumme Wächter vor den Toren der Heilung stehen. Hier schenkt uns Byron Katies *The Work* das schlichte, radikale Werkzeug des Hinterfragens. Vier Fragen, eine Einladung zu radikaler Ehrlichkeit:

1. Ist das wahr?

2. Kannst du absolut sicher sein, dass es wahr ist?

3. Wie reagierst du, wenn du diesen Gedanken glaubst?

4. Wer wärst du ohne diesen Gedanken?
   Indem wir die geerbten oder selbstgeschriebenen

Geschichten über Wertlosigkeit, Schuld oder Angst auf diese Weise beleuchten, stellen wir dem verletzten Kind einen klaren Spiegel hin. Es erkennt: *Der Schmerz kam nicht nur von der Erfahrung, sondern von dem, was ich darüber glaubte.* Die anschließenden Umkehrungen öffnen alternative Erzählstränge, oft sanft, manchmal herausfordernd, immer befreiend.

REIKI und *The Work* wirken wie zwei Hände eines Heilprozesses: Die eine Hand, die Energie, legt sich auf Herz, Bauch oder Stirn, lässt Körper und Emotionen entkrampfen, damit die Wahrheit sich körperlich verankern kann. Die andere Hand, die Klarheit der Fragen, streicht behutsam über die Gedankenlandschaft, bis verhärtete Überzeugungen weich werden. So entsteht eine Spirale hin zum Wesentlichen: Empfindung führt zur Frage, die Frage führt zu neuer Empfindung. Jeder Durchlauf vertieft die Balance zwischen Fühlen und Verstehen, zwischen Sein und Begreifen.

Aus dieser Spirale erwächst allmählich eine innere Ökologie des Friedens. Das Innere Kind spürt: *Ich bin nicht mehr allein in meinen Geschichten; ich werde gehalten und gefragt.* Es lernt, dass auch die schmerzhaftesten Erinnerungen nur Energien sind, die fließen wollen, sobald sie beachtet werden. Und wir selbst erleben, wie Mitgefühl konkrete Gestalt annimmt, als Wärme unter unseren Händen, als Weite im Brustkorb, als Stille hinter einem ehemals lauten Gedanken. Diese Kombination aus liebevoller Gegenwart und klarer Selbsterforschung bewirkt eine Heilung, die weder mystisch fern noch begrifflich trocken ist, sondern tief verkörpert und nachhaltig spürbar.

So verwandeln sich REIKI und *The Work* in einen gemeinsamen Pfad: Energie nährt, Einsicht klärt. Der Organismus darf sich neu ordnen, während der Geist begreift, dass Freiheit nicht jenseits der Wunde liegt, sondern mitten in ihr – im Moment, da wir sie mit Liebe berühren und mit Wahrheit beleuchten.

Das Innere Kind und der Heilungsprozess

Tief in uns lebt eine Erinnerung, nicht nur an das, was war, sondern an das, was in uns ruft. Eine leise Stimme, ein unvergessener Blick, ein kindliches Staunen, das nicht vergeht. Es ist das Lichtkind in uns, verletzlich und kraftvoll zugleich.

Erika J. Chopich beschreibt das Innere Kind als lebendigen Teil unseres Wesens, in dem sich Freude und Schmerz, Hoffnung und Enttäuschung, Vertrauen und Angst begegnen. Doch dieser innere Anteil ist nicht starr. Er wartet. Auf Zuwendung, auf Gesehenwerden, auf Heilung. REIKI kann diese Einladung zur Heilung sein – eine Einladung, die nicht über den Verstand geschieht, sondern über das Herz, über Schwingung, über Liebe.

Im schützenden Raum, den REIKI eröffnet, beginnt etwas, das tiefer wirkt als Worte. Die Energie fließt dorthin, wo alte Geschichten gespeichert sind – nicht, um sie zu bewerten, sondern um sie zu berühren. Und in dieser Berührung kann sich etwas lösen. Nicht durch erneutes Erleben des Schmerzes, sondern durch die Erfahrung einer neuen Resonanz: Du bist nicht allein. Du wirst gehalten. Du bist willkommen.

Die Begegnung mit dem Inneren Kind wird so zu einem liebevollen Akt der Selbstannäherung. Mit jeder Berührung, mit jeder energetischen Öffnung beginnt der innere Schutzmantel, sich zu wandeln. Was einst notwendig war, um zu überleben – Rückzug, Kontrolle, Härte – darf sich verwandeln in Nähe, Vertrauen und Mitgefühl. Und genau hier beginnt der eigentliche Heilungsprozess: nicht als Reparatur, sondern als Wiederverbindung. Wiederverbindung mit dem, was uns lebendig macht. Wiederverbindung mit dem, was wir tief in uns immer waren.

Wie Margaret Paul mit ihrer Inner-Bonding-Methode lehrt, braucht es einen inneren Dialog, der nährt, nicht fordert. REIKI macht diesen Dialog erfahrbar – nicht durch Sprache, sondern durch Präsenz. Der Fluss der Energie ist wie eine Umarmung ohne Worte: bedingungslos, tröstend, wahrhaftig. In dieser Berührung entsteht Raum. Raum für all das, was bisher keinen Platz hatte. Raum für Trauer, Sehnsucht, Wut – aber auch für Hoffnung, Neugier und die zarte Freude, wieder dazuzugehören.

Ein zentrales Element in diesem Prozess ist die Vergebung – nicht als moralischer Akt, sondern als innerer Befreiungsschritt. Colin Tipping, der die Radikale Vergebung entwickelte, spricht von der Möglichkeit, auch im Schmerz einen Sinn zu erkennen. Nicht um das Leid zu rechtfertigen, sondern um sich aus der Verstrickung zu lösen. REIKI unterstützt diese Bewegung, indem es die energetischen Fesseln der Vergangenheit lockert. Es schenkt dem Inneren Kind die Kraft, zu vergeben – nicht nur anderen, sondern vor allem sich selbst. Für das Schweigen. Für das Anpassen. Für das Sich-Zurückziehen. Für das Gefühl, nicht genügt zu haben.

Selbstmitgefühl ist das Fundament, auf dem diese Heilung ruht. Es ist der leise Entschluss, sich selbst mit der gleichen Güte zu begegnen, die wir einem geliebten Wesen entgegenbringen würden. Stefanie Stahl erinnert uns daran, dass das Schattenkind – jener Anteil in uns, der sich ungeliebt, übersehen oder beschämt fühlt – vor allem eines braucht: Annahme. REIKI öffnet das Herz für genau diese Annahme. Es hilft, nicht mehr gegen sich zu kämpfen, sondern sich selbst mit offenen Armen zu empfangen.

Und dann, ganz allmählich, beginnt das Herz sich zu weiten. Die Energie fließt freier. Die Anspannung weicht. Es entsteht ein innerer Raum, in dem das Lichtkind wieder zu leuchten beginnt. Vielleicht erst zaghaft. Vielleicht nur für einen Moment. Aber dieser Moment genügt, um zu wissen: Die Rückkehr ist möglich. Die Verbindung ist heilbar.

So wird die Arbeit mit dem Inneren Kind nicht zu einer Aufarbeitung der Vergangenheit, sondern zu einer Rückverbindung mit der eigenen Essenz. Mit dem, was

immer da war. Und mit dem, was nun wieder Raum
bekommt: Vertrauen, Freude und Liebe.

REIKI begleitet diesen Weg – sanft, still und kraftvoll. Wie
ein Strom der Liebe, der uns erinnert, dass Heilung nicht
bedeutet, etwas zu ändern. Sondern zu erlauben, dass wir
wieder vollständig sind.

Und aus diesem Raum heraus wird etwas möglich, das
tiefer wirkt als jede Technik:

Das Wiedererwachen der Freude.

Ein zartes Lächeln im Inneren.

Ein lebendiger Funke.

Die Rückkehr zur kindlichen Freude.

Die Rückkehr zur kindlichen Freude

In jedem von uns lebt ein zarter Funke – ein leuchtender
Kern, der sich nach Unbeschwertheit, Staunen und
Freude sehnt. Nicht als Ideal vergangener Tage, sondern
als lebendige Qualität, die in unserem Innersten ruht. Die
Rückkehr zur kindlichen Freude ist keine
Rückwärtsbewegung – sie ist ein Heimkommen in einen
Teil von uns, der nie wirklich verloren war.

REIKI kann diesen inneren Ruf hörbar machen. In der
Stille der Behandlung, im Fluss der Energie, beginnt sich

die Schwere zu lösen, die wir oft unbewusst mit uns tragen. Nicht, weil wir etwas falsch gemacht hätten – sondern weil alte Muster, Verletzungen und Überzeugungen unsere Leichtigkeit überlagert haben. REIKI berührt diese Schichten mit sanfter Klarheit. Und während sich energetische Blockaden lösen, entsteht Raum. Raum für das, was ursprünglich war: Lachen. Neugier. Vertrauen.

Louise Hay, die Pionierin der emotionalen Selbstheilung, hat die Kraft der Selbstliebe und der heilenden Worte immer wieder betont. Ihre Arbeit lädt uns ein, unsere inneren Stimmen neu auszurichten – nicht mehr an Kritik und Selbstverurteilung, sondern an Mitgefühl und Annahme. Wenn wir REIKI mit Affirmationen wie „Ich öffne mich für das Licht meiner kindlichen Freude" oder „Ich bin liebevoll verbunden mit meinem Inneren Kind" verbinden, entsteht eine Schwingung, die weit über Worte hinausgeht. Es ist die Schwingung der Erinnerung: Du darfst wieder fühlen. Du darfst wieder spielen. Du darfst leben.

In der Begegnung mit dem Inneren Kind geht es nicht nur um Heilung – es geht auch um Wiederentdeckung. Um die Rückverbindung mit all dem, was lebendig und leicht ist. Um das Vertrauen, dass Freude nicht naiv ist, sondern weise. Dass sie nicht oberflächlich ist, sondern tief. REIKI unterstützt diesen Prozess, indem es uns in einen Zustand bringt, in dem wir nicht mehr gegen das Leben arbeiten – sondern mit ihm fließen.

Wenn das Innere Kind sich sicher fühlt, wenn es weiß, dass es gehalten wird, beginnt es, sich zu zeigen. Vielleicht in einem plötzlichen Lächeln. In einem kindlichen Impuls zu tanzen. In einem Moment stiller, klarer Dankbarkeit. Diese kleinen Regungen sind keine Zufälle – sie sind Zeichen einer tiefer werdenden Heilung. Zeichen dafür, dass die Freude zurückkehrt, nicht als flüchtiges Gefühl, sondern als Seinszustand.

Die Rückkehr zur kindlichen Freude ist ein Geschenk, das wir uns selbst machen können. Sie ist ein Zeichen innerer Reife, nicht von Rückzug. Denn nur wer sich selbst hält, kann leicht sein. Nur wer sich annimmt, kann lachen. Nur wer vergibt, kann wieder vertrauen.

REIKI ebnet den Weg zu dieser Leichtigkeit, indem es uns mit jener Quelle in Berührung bringt, aus der wir einst geboren wurden: mit Liebe. Und so wird aus der Rückkehr zur Freude ein Neubeginn. Ein tiefes inneres Ja zum Leben. Ein lebendiges Erinnern daran, dass auch wir Licht sind – verspielt, lebendig, frei.

Die Rückkehr zur Freude – In Verbindung mit deinem Inneren Kind

Dauer: ca. 10–15 Minuten
Ort: Ein ruhiger, ungestörter Raum
Optional: Leise, sanfte Musik im Hintergrund, eine Kerze, das Tragen eines Symbols oder Kristalls, der dich an dein Lichtkind erinnert

Einstimmung

Setze oder lege dich bequem hin.
Spüre den Kontakt deines Körpers zur Unterlage.
Nimm einen Moment lang einfach wahr, dass du da bist.

Atme langsam ein –
…und vollständig aus.

Mit jedem Atemzug wirst du etwas ruhiger, etwas weicher.

Wenn du möchtest, lege deine Hände in einer Geste der Zuwendung auf dein Herz oder auf deinen Unterbauch – dorthin, wo du dein Inneres Kind spürst.

Sprich (oder denke) leise:

*„Ich öffne mich jetzt für die Rückkehr meiner Freude.
Ich bin sicher. Ich bin gehalten. Ich bin bereit.“*

Verbindung mit REIKI-Energie

Wenn du mit den Symbolen vertraut bist, zeichne oder visualisiere sie innerlich:

- **CKR (Kraftsymbol)** – für Zentrierung und Schutz
- **SHK (Mentalsymbol)** – für emotionale Heilung und Verbindung zum Inneren Kind
- **HSZSN (Verbindungssymbol)** – um über Raum und Zeit zu verbinden, falls du mit einem bestimmten Moment deiner Kindheit in Resonanz gehst

Lass diese Symbole in deiner Vorstellung wie lichtvolle Zeichen über deinen Körper gleiten oder sich in deinem Energiefeld ausbreiten.

Spüre, wie sich dein innerer Raum klärt und öffnet.
Lass REIKI fließen – dorthin, wo du Berührung brauchst.
Ohne Absicht, nur mit Liebe.

Begegnung mit deinem Lichtkind

Stell dir nun vor, dass ein strahlender, kindlicher Anteil in dir auftaucht.
Vielleicht siehst du ein Bild, vielleicht spürst du nur eine Ahnung.
Es muss nichts Konkretes sein.
Erlaube, dass dein Lichtkind sich zeigt – in seiner Form, in seinem Tempo.

Frage es sanft:

„Was brauchst du, um dich sicher und frei zu fühlen?"
„Woran würdest du dich erinnern wollen, wenn du an deine Freude denkst?"

Lausche – nicht mit dem Kopf, sondern mit dem Herzen.
Vielleicht ist es ein Lächeln, ein inneres Leuchten, ein Impuls zu tanzen oder zu singen.

Du brauchst nichts zu tun – nur da zu sein.

Integration

Atme tief ein –
und während du ausatmest, stell dir vor, wie sich dein Lichtkind mit deinem Herzen verbindet.
Nicht getrennt – sondern eins.

Sprich zum Abschluss:

„Ich nehme mein Lichtkind in Liebe an.
Ich erlaube mir, zu fühlen.
Ich erlaube mir, zu spielen.
Ich erlaube mir, zu leben."

Wenn du magst, lege beide Hände noch einmal auf dein Herz.
Spüre nach. - Atme.
Und nimm dieses Gefühl mit in deinen Tag.

Nachklang

Vielleicht möchtest du ein paar Worte in ein Tagebuch
schreiben, ein Bild malen oder deinem Lichtkind später
einen Brief schreiben. Was jetzt entstehen will, ist
willkommen.

Mit jeder Wiederholung dieser Übung wird die Verbindung
tiefer – und die Freude vertrauter.

Praxis der Selbstannahme
und Vergebung im REIKI

Die Praxis der Selbstannahme und Vergebung ist ein essenzieller Bestandteil der Heilungsarbeit im REIKI. Sie ermöglicht uns, Frieden mit der eigenen Vergangenheit zu schließen und alte emotionale Blockaden aufzulösen. Indem wir die heilsame Energie des REIKI nutzen, können wir tief in uns liegende Verletzungen berühren und das Innere Kind auf seinem Weg zur Selbstheilung unterstützen. Die Ansätze von Colin Tipping, mit seiner Radikalen Vergebung, und Chuck Spezzano, der die Rolle von Beziehungsmustern in der Heilung betont, bieten kraftvolle Werkzeuge, die die REIKI-Praxis bereichern und vertiefen können.

Die Wurzeln des Schmerzes berühren

Selbstannahme ist kein Ziel, das du erreichen musst. Sie ist eine Einladung. Eine leise Bewegung deines Bewusstseins hin zu dem, was in dir gesehen werden möchte. In der REIKI-Arbeit mit dem Inneren Kind beginnt dieser Prozess oft mit dem Mut, sich an jene Momente zu erinnern, in denen man sich verlassen, beschämt oder überfordert fühlte. Und mit der noch größeren Bereitschaft, diesen Erinnerungen mit Mitgefühl zu begegnen.

Jeder Mensch trägt seine eigene Geschichte in sich. Manches davon ist hell und leicht. Anderes fühlt sich schwer an, dunkel, vielleicht sogar wie ein Nebel ohne Namen. Es gibt Erfahrungen, die wir tief in unserem Inneren vergraben haben – nicht, weil wir sie vergessen wollten, sondern weil uns damals die Mittel fehlten, mit ihnen umzugehen. Diese Erinnerungen leben nicht nur im Kopf, sondern auch im Körper, in den Zellen, im Atem.

Das Innere Kind ist der Teil in uns, der diese Erinnerungen bewahrt. Es ist zugleich verletzlich und weise. Und es wartet – manchmal jahrelang – auf einen sicheren Moment, in dem es sich zeigen darf. In dem es gehört, gehalten und verstanden wird. REIKI öffnet diesen Moment. Die sanfte Energie durchdringt nicht nur Muskeln und Gewebe, sondern auch die inneren Bilder, die wir mit uns tragen. Sie schafft einen Raum, in dem das, was war, in einem neuen Licht gesehen werden kann.

 Poetischer Impuls
„Ich berühre das Kind in mir,
das sich versteckt hielt hinter der Wand der Jahre.
Ich lausche seinem Schweigen,
bis ich seine Tränen sehe.
Und statt mich abzuwenden,
bleibe ich."

In diesem stillen Bleiben liegt die Kraft der Selbstannahme. Nicht das Wegmachen der Gefühle, sondern das Dableiben. REIKI wirkt hier wie eine behutsame Begleiterin, die keine Antwort fordert, sondern mit der Frage atmet. Die Energie, die du durch deine Hände gibst, ist auch die Energie, die du dir selbst schenkst. In ihr liegt kein Urteil. Kein: „Du hättest anders sein sollen." Sondern ein liebevolles: „Du warst überfordert. Und das ist okay."

Wenn wir mit REIKI das Innere Kind berühren, ohne es zu bedrängen, beginnen alte Schutzmuster zu schmelzen. Vielleicht spürst du Traurigkeit, vielleicht Wut. Vielleicht auch nur eine stille Müdigkeit. Was auch immer sich zeigt – es gehört zu dir. Es hat einen Grund, warum es da ist. REIKI hilft dir, diesem Grund nicht aus dem Weg zu gehen, sondern ihm in Würde zu begegnen.

Anwendungsidee: Inneres Erkennen mit dem Symbol Sei He Ki:

Setze dich ruhig hin und spüre deinen Körper. Lege eine Hand auf dein Herz, eine auf deinen Bauch.

Zeichne innerlich oder auf der Zunge das Symbol Sei He Ki.

Atme in dein Herz und frage: „Was in mir braucht heute meine Annahme?"

Bleibe still. Nimm wahr. Lass REIKI fließen, ohne etwas zu erzwingen.

Diese innere Haltung verwandelt sich mit der Zeit in eine neue Art des Sehens. Du beginnst, dich selbst in einem neuen Licht zu erkennen. Nicht als jemand, der heil werden muss, sondern als jemand, der bereit ist, das Heile wieder freizulegen.

Im nächsten Teil gehen wir tiefer auf die Beziehung zwischen Schuld, Scham und Vergebung ein. Und wie

REIKI helfen kann, diese alten Schleier zu lüften, ohne sie zu verurteilen – sondern um sie in Licht zu verwandeln.

Vergebung: Den inneren Schleier lüften

Vergebung ist kein Befehl. Sie ist eine zarte Bewegung des Herzens. Und sie beginnt selten mit einem großen Entschluss, sondern mit einem Flüstern: „Ich möchte nicht länger gegen mich leben. – Ich möchte mich ‚frei‘ entfalten!"

Viele Menschen verwechseln Vergebung mit Nachsicht oder gar mit dem Leugnen von Schmerz. Doch echte Vergebung bedeutet nicht, zu vergessen – sondern sich selbst das Recht zurückzugeben, frei zu sein. Frei von der Last, immer noch das zu tragen, was längst vergangen ist.

REIKI ist in diesem Prozess ein Segen. Denn Vergebung braucht ein tragendes Feld – einen Raum, in dem Altes sich zeigen darf, ohne zu überfordern. In dem Tränen fließen dürfen, ohne erklärt zu werden. In dem Schuldgefühle sich lösen, weil sie in der Wärme des Verstehens schmelzen.

Manchmal begegnet uns beim Praktizieren plötzlich ein inneres Bild: Wir sehen uns selbst als Kind, wie wir etwas „falsch" gemacht haben. Oder wie wir hilflos in eine Situation geraten sind, für die wir uns bis heute schämen. Diese Momente sind Einladungen. Nicht zur Strafe – sondern zur Heilung.

Ein Impuls

Ich kehre zurück, nicht um erneut zu leiden,
sondern um jenes Kind an die Hand zu nehmen,
das noch immer wartet.
Ich schaue ihm in die Augen und spreche Worte,
die es damals nicht hören konnte:
„Du bist nicht allein. Ich bin jetzt bei dir."

Vergebung: Die leise Befreiung

Vergebung heißt, dich selbst zu umarmen. Sie ist ein Akt
tiefster Selbstliebe und reifer Verantwortung: an den Ort in
dir zu treten, an dem der Schmerz einst begann und
diesmal zu bleiben, wenn es brennt.

Bei deiner Trauer, deiner Scham, deinem Zorn und bei
deiner Sehnsucht nach Freiheit. Vergebung trägt viele
Gewänder. Manchmal haucht sie dir sanft über die Seele,
manchmal fegt sie wie ein Sturm und wäscht Altes fort.
Doch stets führt sie dich nach Hause, zu deinem
unverletzten Wesenskern.

Solange wir nicht vergeben, halten uns unsichtbare Fäden
gefangen. Gefangen, an das Geschehene und an das Bild
von uns, das damals entstand: Opfer, Schuldige,
unwürdige. Diese Geschichte gibt scheinbar Halt,
doch ihr Griff ist kalt und eng, er friert das Herz und
verhindert Wachstum.
Vergebung taut. Sie macht verletzbar und genau dort

pulsiert das Leben. Ihre große Kraft liegt darin, den
Kreislauf der Wiederholung zu brechen.

Sie sagt: *„Genug. Ich lasse los – nicht, um den anderen
freizusprechen, sondern um mich selbst zu befreien."*
Denn die Rüstung der alten Verletzung schützt nicht;
sie trennt uns von uns selbst.

Wenn du vergibst, erklärst du dich bereit, dich zu zeigen
mit allem, was dich ausmacht. Du öffnest dein Herz nicht
für den Täter, sondern für dich, für dein inneres Kind, das
so lange im Schatten wartete.

Vergebung ist eine Tür, die du von innen aufschließt.

Chuck Spezzano erinnert uns:

*„Liebe ist nicht nur unsere größte, sondern unsere einzige
Chance."*

Diese Liebe beginnt mit einem stillen, entschlossenen
Schritt, der Bereitschaft, dich nicht länger an alte
Geschichten zu ketten.

Radikale Vergebung nach Colin Tipping greift an der
Wurzel, wo die Geschichte beginnt, dort, wo *du* beginnst.
Du vergibst nicht, weil jemand es verdient. Du vergibst,
weil dein Herz, dein Nervensystem und deine Träume
erneut atmen wollen.

„Ich hole mich zurück. Ich beanspruche mein Licht.“

Das ist vielleicht der heiligste Akt des Menschseins.

Alle großen Weisheitstraditionen –

von Jesus über Buddha bis Rumi –

nennen Vergebung den Schlüssel zur inneren Freiheit.

Nicht, um Unrecht gutzuheißen, sondern um den Groll
loszulassen, der nur dich selbst bindet.

In der REIKI-Praxis wirkt Vergebung besonders tief:
Während die Symbole und die Energie fließen,
erinnert sich dein System an die Möglichkeit des Friedens.

Dein Körper darf loslassen,
deine Emotionen dürfen strömen,
dein Geist darf sich weiten.

Und das wartende Kind in dir hört endlich:

*„Du bist sicher. Du bist geliebt. Wir gehen gemeinsam
nach Hause.“*

Zur tiefen Vergebung mit REIKI:

Nimm das Symbol Hon Sha Ze Sho Nen als Brücke in die Vergangenheit.

Verbinde dich mit einer Situation, in der du verletzt wurdest.

Spüre deinen Widerstand. Lass ihn da sein.

Atme. Und wenn du soweit bist, sprich innerlich: „Ich lasse dich los. Ich lasse mich frei."

Wiederhole dies – nicht aus Pflicht, sondern aus Sehnsucht nach Frieden.

Vergebung bedeutet, deine Kraft zurückzunehmen. Die Energie, die du vielleicht jahrelang im Festhalten, im inneren Streit, im Erinnern an das Unrecht gebunden hast – sie darf zurück zu dir fließen. In dein Herz. In deine Lebendigkeit. In deinen kreativen Ausdruck. In deine Fähigkeit zu lieben – dich selbst und andere.

Vielleicht braucht es viele Anläufe. Vielleicht wirst du hundert Mal sagen: „Ich vergebe" – und erst beim hundertsten Mal spürst du, dass etwas weicher wird. Das ist in Ordnung. Vergebung ist ein Weg. Kein Sprint. Eher ein Pilgergang nach innen.

Ein Impuls:
„Ich lege mein Herz in meine Hände.
Ich halte es – mit allem, was war.
Ich verbeuge mich vor meinem Schmerz,
und danke ihm, dass er mich gelehrt hat zu fühlen.
Jetzt wähle ich Frieden.
Jetzt kehre ich heim zu mir."

So wird Vergebung zum Gebet. Zum leisen Ja. Zur Rückkehr in dein eigenes Leben. Und wenn du dort ankommst – ganz in dir –, beginnt eine neue Geschichte. Nicht, weil die alte verschwunden ist. Sondern weil du sie jetzt mit einem weiten, offenen Herzen betrachten kannst.

Und vielleicht, ganz vielleicht, beginnst du, jenen Menschen zu vergeben, die dich verletzt haben. Nicht, weil sie sich verändert haben. Nicht, weil sie darum gebeten hätten. Sondern weil du verstanden hast, dass ihre Unfähigkeit zu lieben nichts mit deinem Wert zu tun hatte.

Vergebung bedeutet: Ich erkenne, dass ich frei bin.

Und das ist ein Geschenk, das nur du dir selbst machen kannst.

Vergebungsritual in Verbindung mit REIKI (vertiefte Variante):

1. Bereite den Raum

Suche dir eine stille Zeit und gestalte einen kleinen Altar: Kerze, Papier, Stift und ein Glas klares Wasser.

2. Schreibe den Brief – nimm dir wirklich Zeit

• Setze dich bequem hin, atme ein paar Mal tief durch und lege eine Hand auf dein Herz.
• Beginne dann einen liebevollen Brief an dein inneres Kind, z. B.:
„Es tut mir leid, dass ich dich so lange übersehen habe ...“
• Lass die Worte in deinem eigenen Tempo fließen. Halte inne, wenn Erinnerungen oder Gefühle auftauchen, und schreibe weiter, sobald es wieder möglich ist.
• Beende den Brief erst, wenn er sich „rund" anfühlt – vielleicht durch eine Umarmung in Worten, eine Verheißung von Schutz oder einen Dank. Falte das Blatt achtsam zusammen.

3. **Versiegle den Brief mit REIKI-Energie**

Drehe das gefaltete Papier um und zeichne, falls es stimmig erscheint, das REIKI-Symbol **Hon Sha Ze Sho Nen** auf die Rückseite. Lege dann beide Hände darauf, lass REIKI fließen, und erlaube jedem Empfinden Raum: Wärme, Kribbeln, Tränen …

Innere Stärke und Integration durch liebevolle Selbstzuwendung

Es ist eine stille Kraft, die sich entfaltet, wenn du dir selbst treu bleibst – inmitten deiner Verletzlichkeit, deiner Unklarheit, deiner alten Geschichten. Diese Kraft ist keine laute Durchsetzung. Sie ist kein Trotz. Sie ist das, was bleibt, wenn du dich selbst nicht länger im Stich lässt.

Innere Stärke wächst aus der Beziehung zu deinem Inneren Kind – nicht als Idee, sondern als lebendige Verbindung. Wenn du deinem jüngeren Ich regelmäßig begegnest, es in Gedanken an die Hand nimmst, seine Ängste anhörst und mit ihm atmest, wächst ein Band. Und dieses Band nährt dich. Es schenkt dir Verwurzelung, Präsenz und ein tiefes Gefühl von Zugehörigkeit.

REIKI unterstützt diesen Prozess auf sanfte Weise. Die Energie fließt dahin, wo du dich selbst einlädst, ganz zu werden. Sie stärkt deine Wahrnehmung. Sie beruhigt dein Nervensystem. Und sie erinnert dich: Du bist nicht getrennt. Du bist nicht falsch. Du bist hier – und das genügt.

Innere Stärke bedeutet…:

…nicht alles zu wissen, aber bereit zu sein hinzusehen,

…nicht perfekt zu sein, aber ehrlich,

…nicht immer weiterzumachen, sondern auch mal stehenzubleiben und zu spüren.

Wenn du deinem Inneren Kind regelmäßig REIKI gibst, entsteht ein Gefühl der Kontinuität. Du wirst spüren: Ich bin mein eigener Halt. Ich kann mich selbst versorgen – emotional, energetisch, geistig. Und aus dieser Selbstzuwendung heraus erwächst Mitgefühl. Nicht nur für dich, sondern auch für andere.

Ein *Impuls*:
„Ich habe mich oft verloren,
im Lärm der Welt, im Schweigen meiner Angst.
Doch nun bin ich da.
Nicht als Sieger –
sondern als jemand, der bleibt."

Innere Stärke zeigt sich nicht im Widerstand, sondern im Annehmen. Du brauchst nicht hart zu werden, um durchs Leben zu gehen. Du darfst weich bleiben – und gleichzeitig klar. Das ist die Kraft, die aus der Verbindung mit deinem Inneren Kind wächst.

Wenn du beginnst, dich selbst tiefer zu achten, verändert sich auch dein Blick auf die Welt. Du wirst wacher für das, was wirklich wichtig ist. Du triffst Entscheidungen nicht mehr aus Angst, sondern aus Verbundenheit. Aus einer neuen inneren Integrität heraus.

REIKI-Übung zur Stärkung deiner Selbstzuwendung

Setz dich in einen ruhigen Raum. Vielleicht mit einem Foto von dir als Kind vor dir.

Atme tief ein und aus. Zeichne innerlich das CKR über dein Herzzentrum.

Lege beide Hände sanft auf dein Brustbein.

Sprich laut oder innerlich: „Ich bin jetzt da – für mich."

Lasse die Energie fließen. Spüre, wie du dich selbst erreichst.

Diese einfache Übung kannst du täglich wiederholen. Sie hilft dir, dich mit dir selbst zu verabreden, nicht nur in schweren Momenten, sondern auch im Alltag. Denn innere Stärke wächst mit jedem bewussten „JA" zu dir selbst.

Einladung zur gelebten Integration

Führe ein kleines, persönliches Ritual ein: eine Kerze für dich, ein Tee am Morgen, ein ruhiger Blick in den Himmel.

Sprich regelmäßig mit deinem Inneren Kind:

„Was brauchst du heute?" – und höre wirklich zu.

Sei liebevoll mit dir, wenn du zurückfällst. Rückfälle sind keine Niederlagen – sie sind Einladungen zur Vertiefung.

Ein Impuls:
„Ich bin das Licht, das mir einst fehlte.
Ich bin die Stimme, nach der ich mich sehnte.
Ich bin der Halt, den ich nie spürte.
Ich bin angekommen – bei mir."

Wenn du so lebst, wächst in dir etwas Neues heran: eine innere Heimat. Ein Raum, der dich trägt, egal, was im Außen geschieht. Und dieser Raum – genährt von REIKI, gewoben aus Mitgefühl und Selbstannahme – ist das größte Geschenk, das du dir selbst machen kannst.

Du bist nicht mehr allein. Du bist in dir zuhause.

Und von hier aus wird vieles möglich.

Die kindliche Freude wiederentdecken und Vergangenheitserlösung finden

Die Heilung des Inneren Kindes führt uns zurück zu einer kindlichen Freude, die wir als Erwachsene oft vergessen haben. Das Innere Kind trägt in sich die Fähigkeit zur Unbeschwertheit, zum Staunen und zur Freude am Leben. Wenn wir unsere Wunden heilen und die Vergangenheit in Frieden loslassen, können wir diese ursprüngliche Freude wieder in uns entdecken.

Vergangenheitserlösung bedeutet, dass wir die alten Erlebnisse nicht länger als Ballast mit uns tragen, sondern sie in unser Leben integrieren, ohne dass sie uns belasten. Dieser Akt der Erlösung bringt eine Leichtigkeit mit sich, die uns erlaubt, das Leben wieder mit offenen Augen und einem freien Herzen zu genießen. Das Innere Kind ist in der Lage, die Lasten der Vergangenheit loszulassen, wenn es spürt, dass die Heilung auf einer tiefen Ebene stattgefunden hat.

Güte zu sich selbst und die Wiederherstellung der Resonanz

Die Heilung des Inneren Kindes erfordert eine liebevolle und sanfte Haltung zu sich selbst. Die Güte zu sich selbst ist der Schlüssel, um dem Inneren Kind die Unterstützung zu geben, die es braucht, um sich sicher und geborgen zu fühlen. Diese Güte hilft uns, die Resonanz zu unseren eigenen Bedürfnissen und Wünschen wiederherzustellen und unser Inneres Kind auf eine tiefe, heilende Weise zu integrieren.

Wenn wir in dieser Güte verweilen und uns selbst mit Mitgefühl betrachten, entsteht eine Resonanz, die die Wunden sanft heilt und uns auf allen Ebenen harmonisiert. Diese Resonanz ist der Ausdruck unserer eigenen Liebesfähigkeit, die es uns ermöglicht, das Innere Kind in sein volles Potenzial zu bringen. Sie schenkt uns das Vertrauen, dass wir immer in der Lage sind, uns selbst zu heilen und unsere inneren Anteile in Frieden zu vereinen.

Der Ursprung von Kindheitsverletzungen

Bevor wir die verschiedenen Gesichter kindlicher Wunden genauer beleuchten, lohnt sich ein Moment des Innehaltens: Jede später erlebte Verletzung wurzelt in den ersten Lebensjahren, in denen wir unsere Welt noch vor allem fühlend und intuitiv erfahren.

Dort, in der absoluten Abhängigkeit von Eltern oder anderen Bezugspersonen, entscheidet sich, ob Nähe, Schutz und liebevolle Spiegelung stetig fließen oder ob Lücken entstehen, die das Kind mit eigenen Deutungen füllt.

Fehlende Antwort auf ein Bedürfnis oder ein harsches Wort mag aus Erwachsenensicht klein wirken, doch im kindlichen Erleben prägt sich daraus ein Glaubenssatz, der fortan das Selbstbild färbt. Genau aus diesen frühen

„Mikromomenten" formt sich das, was wir später als Schatten- oder Sonnenanteil des Inneren Kindes wahrnehmen.

Mit diesem Bewusstsein im Gepäck schauen wir nun auf die „Arten von Kindheitsverletzungen", ihre typischen Spuren im Erwachsenenleben und die Wege, auf denen Selbstmitgefühl, REIKI-Praxis und Vergebung zur Heilung beitragen können.

Arten von Kindheitsverletzungen

Die Verletzungen des Inneren Kindes lassen sich in verschiedene Kategorien unterteilen, die jeweils andere Spuren im Erwachsenenleben hinterlassen. Ein häufiger Typus ist die Verletzung durch emotionale Vernachlässigung. Kinder, die emotional vernachlässigt wurden, lernen oft, ihre eigenen Bedürfnisse zurückzustellen und werden im Erwachsenenalter mit einem mangelnden Selbstwertgefühl und Schwierigkeiten in der Selbstfürsorge konfrontiert. Sie haben das Gefühl, für andere da sein zu müssen, ohne dass sie selbst Anspruch auf Fürsorge haben.

Eine weitere Art der Verletzung ist das Kindheitstrauma durch Misshandlung oder Missbrauch, das besonders tiefe Wunden in der Seele hinterlässt. Solche Erfahrungen führen oft zu tiefsitzenden Schamgefühlen und Selbstzweifeln. Menschen, die solche Traumata erfahren haben, entwickeln häufig unbewusste

Schutzmechanismen, um den Schmerz zu verdrängen. Doch diese Mechanismen hindern sie oft daran, authentisch und frei im Leben zu stehen. Die Psychologin Erika J. Chopich betont die Bedeutung der Heilung dieser tiefen Verletzungen, indem wir lernen, mit dem Inneren Kind zu arbeiten und ihm die Fürsorge zu geben, die es damals vermisst hat.

Auch subtile, oft unbemerkte Verletzungen, wie wiederholte Abwertung oder das Gefühl, nicht „gut genug" zu sein, können ein Kind nachhaltig beeinflussen. Wenn Kinder das Gefühl entwickeln, dass ihre Bedürfnisse, Gefühle und Gedanken nicht wichtig sind, kann das zu einem inneren Muster der Abwertung führen, das im Erwachsenenalter zu ständigen Selbstzweifeln und einem Mangel an Selbstakzeptanz führt. Kristin Neff, Pionierin auf dem Gebiet des Selbstmitgefühls, betont, dass Menschen, die unter solchen Mustern leiden, häufig eine harte, selbstkritische Haltung einnehmen. Diese innere Kritik verstärkt die Wunde und hindert sie daran, sich selbst als liebenswert und wertvoll zu erfahren.

Der Heilungsprozess: Selbstmitgefühl und Akzeptanz

Die Heilung von Kindheitsverletzungen beginnt mit der Erkenntnis und Akzeptanz dieser inneren Wunden. Dies ist ein Prozess der Selbstentdeckung, in dem wir die Ursachen unserer emotionalen Reaktionen und Glaubenssätze verstehen lernen. Indem wir uns unseren

inneren Verletzungen zuwenden, bringen wir Licht in die
Bereiche unseres Lebens, die oft im Schatten lagen.

Selbstmitgefühl spielt dabei eine zentrale Rolle. Kristin
Neff und Christopher Germer haben gezeigt, wie wichtig
es ist, eine freundliche und verständnisvolle Haltung zu
sich selbst einzunehmen. Selbstmitgefühl bedeutet, den
Schmerz und die Verletzungen des Inneren Kindes
anzuerkennen, ohne sich dafür zu verurteilen. Es ist der
Akt, sich selbst mit derselben Wärme und Güte zu
begegnen, die wir einem Freund in einer schwierigen
Situation entgegenbringen würden. Diese Haltung schafft
eine Grundlage für den Heilungsprozess und hilft, eine
freundschaftliche Beziehung zu sich selbst aufzubauen,
die das Vertrauen und die innere Stärke fördert.

Vergebung des eigenen Anteils und Vergangenheitserlösung

Ein wichtiger Aspekt der Heilung ist die Vergebung des
eigenen Anteils an den Verletzungen. Viele Menschen
tragen unbewusste Schuldgefühle in sich und glauben,
dass sie selbst schuld an ihrem Schmerz sind. Diese
Überzeugungen stammen oft aus dem Kindheitsverhalten,
in dem Kinder dazu neigen, das Verhalten der Eltern auf
sich selbst zu beziehen. Indem wir uns selbst von dieser
Schuld befreien, erlauben wir dem Inneren Kind, sich von
alten Lasten zu lösen und die Vergangenheit in Frieden
loszulassen.

Vergebung ist ein Akt der Seelenheilung, der uns hilft, in einen Zustand der energetischen Harmonie zu kommen. Indem wir uns selbst verzeihen und die Erfahrungen der Vergangenheit als Teil unserer Reise annehmen, befreien wir uns von alten Blockaden und schaffen Raum für inneren Frieden. Christopher Germer betont, dass dieser Akt der Vergebung eine tiefe Form der Selbstakzeptanz erfordert, die uns erlaubt, unsere Vergangenheit als einen integralen Teil unseres Wachstums und unserer Selbstentfaltung zu betrachten.

Selbstheilungskräfte aktivieren und Resilienz aufbauen

Die Heilung der Kindheitsverletzungen ist ein Prozess, der uns stärkt und unsere Selbstheilungskräfte aktiviert. Wenn wir uns unseren Wunden zuwenden, setzen wir Energien frei, die lange blockiert waren. Diese freigesetzte Energie ermöglicht es uns, unser Leben in einem neuen, befreiten Licht zu betrachten und alte Muster loszulassen. Es ist ein Prozess, der Zeit und Geduld erfordert, doch mit jeder Schicht, die wir heilen, gewinnen wir mehr innere Stärke und Resilienz.

Resilienz – die Fähigkeit, Herausforderungen zu meistern und gestärkt aus ihnen hervorzugehen – wird durch die Heilung des Inneren Kindes nachhaltig gefördert. Indem wir lernen, uns selbst mit Güte und Akzeptanz zu begegnen, entwickeln wir eine innere Stabilität, die uns hilft, auch zukünftige Herausforderungen mit Gelassenheit zu meistern. Die Erkenntnis, dass wir in der Lage sind, uns selbst zu heilen und zu stärken, gibt uns eine neue innere Freiheit und das Vertrauen, das Leben in seiner ganzen Fülle anzunehmen.

Heilung durch Selbstentdeckung und Selbstmitgefühl

Die Heilung von Kindheitsverletzungen ist ein Weg der Selbstentdeckung und Selbstmitgefühl. Indem wir uns unseren inneren Wunden zuwenden, sie annehmen und ihnen mit Freundlichkeit begegnen, schaffen wir die Grundlage für eine tiefe innere Transformation. Dieser Prozess erfordert Geduld und die Bereitschaft, sich selbst zu verzeihen und das Leben in seiner Ganzheit anzunehmen. Die Ansätze von Stefanie Stahl, Erika J. Chopich, Kristin Neff und Christopher Germer geben uns Werkzeuge an die Hand, um diesen Weg der Heilung bewusst und liebevoll zu gestalten.

Die Heilung des Inneren Kindes schenkt uns die Möglichkeit, alte Wunden zu erlösen, innere Stärke und Resilienz aufzubauen und das Leben mit einer neuen, tiefen Freude zu erleben. Wenn wir diesen Weg gehen, erfahren wir die Freiheit und den Frieden, der entsteht, wenn wir uns selbst mit Liebe und Mitgefühl annehmen und als den Menschen wertschätzen, der wir heute sind.

Bindungsstörungen und ihre Auswirkungen auf das Erwachsenenleben

Bindungsstörungen – das sind jene unsichtbaren Narben, die sich in der Kindheit bilden, wenn unsere grundlegenden Bedürfnisse nach Liebe, Sicherheit und Zugehörigkeit nicht erfüllt wurden. Diese Verletzungen beeinflussen oft unbewusst, wie wir als Erwachsene Beziehungen gestalten und mit uns selbst umgehen. Bindungsstörungen können dazu führen, dass wir Schwierigkeiten haben, uns anderen Menschen wirklich zu öffnen oder ein tiefes Gefühl der inneren Unsicherheit mit uns tragen. Doch das Erkennen und Verstehen dieser Muster kann der erste Schritt zu Heilung und Transformation sein. Die Gedanken von Robert Betz, Byron Katie, Louise Hay, Kristin Neff und Christopher Germer zeigen uns, wie wir Bindungsstörungen überwinden und zu einer liebevollen Beziehung mit uns selbst finden können.

Selbstentdeckung und der Weg zur Heilung

Robert Betz spricht in seiner Arbeit von der Notwendigkeit, Verantwortung für das eigene Leben zu übernehmen. Bindungsstörungen mögen in der Kindheit entstanden sein, doch der Weg zur Heilung liegt in der Selbstentdeckung und darin, die Verletzungen, die wir in uns tragen, bewusst wahrzunehmen. In der Kindheit erleben wir oft Situationen, die uns ein Gefühl der Unsicherheit oder des Verlassenseins vermitteln. Diese Erfahrungen prägen sich tief ein und können dazu führen, dass wir uns als Erwachsene abhängig von der Anerkennung und Liebe anderer fühlen. Betz erinnert uns daran, dass wir die Schöpfer unseres eigenen Lebens sind und die Verantwortung tragen, uns selbst zu heilen und unseren eigenen Wert anzuerkennen.

Dieser Prozess der Selbstentdeckung bedeutet, die Bindungsstörungen und die damit verbundenen Verletzungen in uns zu erkennen. Es ist der erste Schritt, um den Heilungsprozess einzuleiten und sich von alten, hinderlichen Mustern zu lösen. Durch das Verstehen dieser inneren Wunden wird es möglich, die eigene Schöpferkraft wieder zu entdecken und das Leben mit Selbstbewusstsein und innerer Stärke zu gestalten.

Emotionale Blockaden und der Weg zur Selbstliebe

Bindungsstörungen führen oft dazu, dass wir emotionale Blockaden entwickeln, die uns daran hindern, uns selbst und andere wirklich zu lieben. Louise Hay, die Pionierin der Selbstheilung durch positive Affirmationen, zeigt auf, wie wichtig es ist, negative Glaubenssätze, die wir über uns selbst entwickelt haben, zu erkennen und loszulassen. Viele Menschen, die Bindungsstörungen erlebt haben, tragen die Überzeugung in sich, nicht liebenswert zu sein oder keine Nähe verdient zu haben.

Diese Überzeugungen manifestieren sich als emotionale Blockaden, die uns daran hindern, das Leben und die Beziehungen zu führen, die wir uns wünschen.

Louise Hay empfiehlt, diese negativen Glaubenssätze durch positive Affirmationen zu ersetzen, um eine innere Transformation zu bewirken. Sie erinnert uns daran, dass der Weg zur Heilung durch die Selbstliebe führt. Indem wir beginnen, uns selbst zu lieben und anzunehmen, können wir die energetische Resonanz unserer inneren Welt verändern und Heilung auf tiefster Ebene erfahren.

Selbstmitgefühl als Schlüssel zur Transformation

Der Weg zur Heilung von Bindungsstörungen erfordert oft eine Haltung des Selbstmitgefühls, wie Kristin Neff und Christopher Germer sie beschreiben. Selbstmitgefühl bedeutet, sich selbst mit Freundlichkeit und Verständnis zu begegnen – insbesondere in Momenten, in denen wir uns verletzlich, unsicher oder „nicht gut genug" fühlen. Menschen mit Bindungsstörungen neigen dazu, besonders hart mit sich selbst ins Gericht zu gehen. Sie sehen ihre Schwächen oft als Bestätigung dafür, dass sie nicht liebenswert sind.

Neff und Germer betonen, dass Selbstmitgefühl nicht nur eine hilfreiche Praxis, sondern eine Notwendigkeit ist, um die Wunden der Vergangenheit zu heilen. Wenn wir lernen, uns selbst mit der gleichen Güte zu begegnen, die wir einem guten Freund schenken würden, schaffen wir einen Raum der inneren Heilung. Dieser Prozess hilft uns, eine liebevolle Beziehung zu uns selbst aufzubauen und die Blockaden aufzulösen, die Bindungsstörungen in unserem Leben verursacht haben. Selbstmitgefühl stärkt unsere Resilienz und gibt uns die Kraft, schwierige Emotionen zu akzeptieren, ohne uns von ihnen überwältigen zu lassen.

Akzeptanz und die Vergebung des eigenen Anteils

Byron Katie hat einen revolutionären Ansatz entwickelt, um die eigenen Gedanken und Überzeugungen zu hinterfragen und zu transformieren. Mit ihrer Methode „The Work" zeigt sie uns, wie wir die Gedanken, die uns Schmerz bereiten, untersuchen und loslassen können. Viele Menschen, die Bindungsstörungen erlebt haben, tragen unbewusst die Überzeugung in sich, dass sie „falsch" oder „schuldig" seien. Diese Überzeugungen sind oft das Ergebnis von Erfahrungen in der Kindheit, in denen sie für die Reaktionen oder das Verhalten ihrer Bezugspersonen verantwortlich gemacht wurden.

Byron Katie fordert uns auf, diese Gedanken zu hinterfragen und die Realität aus einer neuen Perspektive zu betrachten. Wenn wir erkennen, dass unsere Überzeugungen nur Gedanken sind, die wir uns immer wieder erzählen, können wir beginnen, sie loszulassen. Die Vergebung des eigenen Anteils bedeutet, dass wir uns selbst die Last nehmen, für die Gefühle oder das Verhalten anderer verantwortlich zu sein. Diese

Vergebung ermöglicht es uns, die Vergangenheit in Frieden loszulassen und uns selbst mit mehr Akzeptanz zu begegnen.

Seelenheilung und die Rückkehr zur kindlichen Freude

Die Heilung von Bindungsstörungen ist ein Weg der Seelenheilung, der uns zurück zu unserer ursprünglichen, kindlichen Freude führt. Als Kinder waren wir voller Lebendigkeit und Entdeckerfreude, doch Bindungsstörungen und die daraus resultierenden Verletzungen haben diese Freude oft überdeckt. Indem wir unsere Bindungsstörungen erkennen und heilen, öffnen wir uns wieder für diese kindliche Freude und die Fähigkeit, das Leben in all seinen Facetten zu genießen.

Wenn wir die Wunden heilen, die Bindungsstörungen in uns hinterlassen haben, gewinnen wir die Freiheit, uns selbst und andere mit offenen Armen anzunehmen. Diese Seelenheilung führt uns in einen Zustand der energetischen Harmonie, in dem wir die Resonanz unserer inneren Welt bewusst gestalten können. Wir fühlen uns in uns selbst verankert und sind in der Lage, Beziehungen zu führen, die von Vertrauen, Offenheit und Liebe geprägt sind.

In die eigene Kraft hineinwachsen – mit REIKI und dem Inneren Kind

Wenn wir beginnen, die alten Wunden unserer Kindheit behutsam anzuschauen, öffnet sich ein leiser, heilender Raum: Eine neue Form der Verbundenheit mit uns selbst wird möglich, zart, ehrlich, getragen von Mitgefühl. Es ist die Entscheidung, dem eigenen Inneren Kind das zu schenken, was vielleicht einst gefehlt hat: Sicherheit, Geborgenheit und liebevolle Nähe.

REIKI schenkt in diesem Prozess einen geschützten Resonanzraum. Allein das Auflegen der Hände auf Herz, Solarplexus oder Unterbauch kann einen tiefen Wandel in Gang setzen. Manchmal zeigt er sich als Wärme, manchmal als feines Pulsieren, manchmal als stiller Strom von Ruhe. Der Körper begreift: *Hier bin ich sicher. Ich bin gehalten.* Und genau in dieser Sicherheit beginnt das Innere Kind, sich zaghaft zu zeigen, ohne Angst, erneut zurückgewiesen oder verletzt zu werden.

Während REIKI auf körperlicher Ebene den Parasympathikus stärkt, die Atmung vertieft und Spannungen löst, entfalten sich zugleich tiefergehende seelische Prozesse. Unverarbeitete Gefühle wie Trauer, Scham oder unterdrückte Wut dürfen auftauchen, nicht, weil wir scheitern, sondern weil sich energetische Blockaden zu lösen beginnen. Tränen, Hitze, Gänsehaut, all das sind Zeichen dafür, dass sich etwas in Bewegung setzt. Der Raum für Veränderung wird greifbar.

In dieser Atmosphäre der Hinwendung dürfen auch andere Impulse wirken: die vier Fragen von Byron Katie, heilende Affirmationen wie bei Louise Hay, Übungen des Selbstmitgefühls nach Kristin Neff. Durch REIKI werden diese kognitiven Impulse nicht nur gedacht. Sie werden verkörpert. Sie sinken tief in den Leib, ins Zellgedächtnis, und entfalten dort ihre stille Kraft.

Der Pfad der Selbstfreundschaft

Selbstfreundschaft entsteht nicht über Nacht. Sie verläuft nicht geradlinig, sondern in Schleifen – mal näher, mal wieder weiter entfernt. Doch mit jedem Schritt wächst das Vertrauen. Es beginnt oft ganz unscheinbar: Eine Hand auf dem Herzen, ein stiller Moment am Morgen mit der Frage: *„Wie geht es dir heute?"* Oder abends ein leiser Satz wie: *„Ich danke dir, dass du da bist."*

Solche Gesten des Innehaltens wirken tiefer, als es scheint. Ein kurzer REIKI-Impuls am Morgen – fünf Minuten mit den Händen auf Herz und Bauch – genügt oft schon, um das Nervensystem zu beruhigen. Der Tag beginnt klarer, geerdeter. Ein liebevoller Satz wie: *„Möge ich heute freundlich mit mir sein"* kann innerlich ausgesprochen werden – als Einladung an das Unterbewusstsein, sich getragen zu fühlen.

Auch im Alltag lassen sich kleine Rituale einflechten: Ein Atemzug an der Türschwelle. Eine achtsame Berührung. Ein bewusstes Spüren. Und am Abend: eine kurze

Selbstbehandlung, vielleicht mit dem Gedanken: *„Wofür danke ich meinem Inneren Kind heute?"* – so entsteht ein feiner Dialog zwischen deinem erwachsenen Ich und dem Kind in dir.

Nach und nach beginnt sich etwas zu verändern. Anfangs kaum merklich, später immer spürbarer: Die Fähigkeit, Grenzen zu setzen, wächst. Konflikte verlieren an Schärfe. Beziehungen gewinnen an Tiefe. Das Gefühl von Zugehörigkeit entsteht von innen heraus – nicht mehr als etwas, das im Außen erkämpft werden muss.

Sogar körperlich wird diese Wandlung erfahrbar. Ein gestärkter Vagusnerv sorgt für schnellere Erholung nach Stress. Die Gedanken werden flexibler, das Herz ruhiger. An die Stelle von Misstrauen tritt ein Grundton von Vertrauen – leise, aber beständig.

REIKI als verlässlicher Begleiter

Heilung geschieht nicht durch Willenskraft. Sie geschieht durch Erlaubnis, durch liebevolle Gegenwart, durch das stille Dasein. Genau das verkörpert REIKI. In der Wärme unserer Hände liegt eine Einladung: *Du darfst jetzt sein.* Und so wird aus einem einst verletzten Bindungsmuster ein innerer Ort der Stabilität, ein Zuhause in uns selbst.

Wenn wir lernen, unser Inneres Kind mit REIKI zu halten – in liebevoller Achtsamkeit, ohne Drängen, ohne Urteil –, dann erwacht eine Freundschaft, die uns durchs Leben trägt. Und wir beginnen, der Welt zu begegnen – mit einem Herzen, das frei schlagen darf.

Selbststärkung durch liebevolle Zuwendung und Achtsamkeit

Selbststärkung beginnt mit der bewussten Entscheidung, sich selbst mit Liebe, Achtsamkeit und Güte zu begegnen. Für viele Menschen ist es eine ungewohnte Vorstellung, sich selbst die Zuwendung und Fürsorge zu schenken, die sie oft nur anderen geben. Doch genau hier beginnt der Weg zu einem erfüllten, kraftvollen und freien Leben. Die Ansätze von Vera F. Birkenbihl, Robert Betz, Byron Katie, Louise Hay und Chuck Spezzano inspirieren uns dazu, eine tiefere Freundschaft mit uns selbst aufzubauen, die uns mit innerer Stärke und Resilienz erfüllt. REIKI kann uns in diesem Prozess als sanfter Begleiter unterstützen, indem es die energetischen Blockaden löst und die Selbstheilungskräfte aktiviert, die uns dabei helfen, inneren Frieden und Balance zu finden.

Der Schlüssel zur Selbststärkung: Achtsamkeit und liebevolle Zuwendung

Selbststärkung beginnt mit dem Innehalten. Sobald wir bewusst einen Moment der Ruhe zulassen, öffnet sich der

Zugang zu einer inneren Welt, die gesehen und gehört werden will – ganz ohne Urteil. Diese wertfreie Hinwendung zu Gedanken, Gefühlen und Körperempfindungen bildet die Grundlage für Heilung und Wachstum.

Vera F. Birkenbihl, die Pionierin des gehirn-gerechten Lernens, erinnerte immer wieder daran, wie wesentlich es ist, sich auf natürliche, spielerische Weise mit sich selbst auseinanderzusetzen. Für sie bedeutete Lernen mehr als Informationsaufnahme. Es war ein innerer Prozess der Selbstentfaltung. Durch achtsame Selbstbeobachtung, durch Fragen statt Urteilen, durch Humor statt Schwere, entsteht Raum für tiefere Einsichten. Wer sich selbst beobachtet, ohne sich zu bewerten, erkennt Muster und genau hier beginnt Veränderung.

Robert Betz hingegen legt den Fokus auf die Kraft der Eigenverantwortung. Für ihn ist Achtsamkeit kein abstraktes Konzept, sondern eine lebendige Praxis: sich selbst im gegenwärtigen Moment zu begegnen, ehrlich, wach und mit offenem Herzen. In seinen Worten ist Achtsamkeit der Schlüssel, um aus alten Rollenbildern und Opferhaltungen auszusteigen. Erst wenn wir begreifen, dass wir selbst die Schöpfer unseres Lebens sind, können wir die Verantwortung für unser Denken, Fühlen und Handeln übernehmen und damit auch für unsere Heilung.

Beide Perspektiven, die gehirnfreundliche, spielerisch-analytische Herangehensweise Birkenbihls und die spirituell-transformative Haltung Betz' ergänzen sich auf besondere Weise. In der Mitte beider Ansätze liegt ein stiller Kern: Achtsamkeit als innere Haltung, frei von Selbstkritik und Schuldzuweisung, getragen von Mitgefühl und Offenheit.

Wenn wir diesen Raum in uns betreten, beginnt ein neuer Umgang mit uns selbst, voller Neugier, Güte und Selbstachtung. Und aus dieser Haltung erwächst jene innere Stärke, die nicht hart macht, sondern weich, klar und lebendig.

Selbstliebe und die Aktivierung der Selbstheilungskräfte

Selbstliebe ist das Fundament, auf dem wahre Selbststärkung aufbaut. Doch für viele Menschen ist Selbstliebe ein herausforderndes Thema, da sie mit alten Verletzungen und negativen Überzeugungen über sich selbst belastet sind. Louise Hay, zeigt uns, wie wichtig es ist, negative Glaubenssätze durch liebevolle Gedanken zu ersetzen. „Ich liebe und akzeptiere mich, so wie ich bin" – solche Affirmationen stärken nicht nur das Selbstwertgefühl, sondern helfen uns, die Selbstheilungskräfte zu aktivieren, die in uns allen vorhanden sind.

Diese Selbstheilungskräfte können durch REIKI zusätzlich gestärkt werden. Die sanfte Energie des REIKI hilft, die Blockaden aufzulösen, die uns davon abhalten, uns selbst mit Liebe zu begegnen. Durch die regelmäßige Praxis von

REIKI können wir uns selbst mit einer liebevollen, heilenden Energie versorgen, die uns zurück in die Balance bringt und uns auf dem Weg zur Selbstliebe unterstützt. REIKI erinnert uns daran, dass Heilung auf einer tiefen, energetischen Ebene stattfindet und dass wir in der Lage sind, die Transformation von innen heraus zu gestalten.

Güte zu sich selbst und die Vergebung des eigenen Anteils

Byron Katie zeigt uns mit ihrer Methode „The Work", wie wir die Gedanken und Überzeugungen, die uns belasten, hinterfragen und loslassen können. Oft sind es unsere eigenen Gedanken über uns selbst, die uns daran hindern, uns mit Güte und Mitgefühl zu begegnen. Katie fordert uns dazu auf, die Glaubenssätze, die uns Leid bringen, zu hinterfragen und zu erkennen, dass sie oft nur Konstrukte unseres Geistes sind. Indem wir lernen, unsere Überzeugungen bewusst zu überprüfen, können wir uns selbst freier und leichter erleben.

Güte zu sich selbst bedeutet auch, die eigenen Fehler und Schwächen zu akzeptieren und sich für den Anteil zu vergeben, den wir an unseren eigenen Verletzungen haben. Chuck Spezzano betont, wie wichtig es ist, die Verantwortung für die eigenen Wunden zu übernehmen, ohne sich dafür zu verurteilen. Er beschreibt Vergebung als einen kraftvollen Prozess der Seelenheilung, der uns hilft, Frieden mit uns selbst zu finden. REIKI unterstützt diesen Prozess der Vergebung, indem es einen

energetischen Raum schafft, in dem wir die eigenen
Schattenseiten liebevoll betrachten und loslassen können.
Die Vergebung des eigenen Anteils ermöglicht es uns, in
einen Zustand der energetischen Harmonie und des
inneren Friedens zu gelangen.

Selbstakzeptanz und die Freundschaft zu sich selbst aufbauen

Selbstakzeptanz bedeutet, sich selbst in all seinen
Facetten anzunehmen – auch mit den Seiten, die wir als
unperfekt oder unangenehm empfinden. Es geht darum,
sich selbst als wertvollen, vollständigen Menschen zu
erkennen und eine Freundschaft zu sich selbst
aufzubauen. Robert Betz spricht davon, dass wahre
Stärke und Erfüllung aus der Fähigkeit entstehen, sich
selbst zu akzeptieren und eine liebevolle Beziehung mit
sich selbst zu führen.

Diese Freundschaft zu sich selbst ist der Schlüssel zu
innerer Stärke und Resilienz. Sie gibt uns die Sicherheit,
dass wir in uns selbst geborgen sind, unabhängig von
äußeren Umständen oder der Anerkennung durch andere
Menschen. REIKI kann diese Freundschaft zu uns selbst
vertiefen, indem es uns mit einer heilenden Energie
verbindet, die uns daran erinnert, dass wir bereits
vollständig und wertvoll sind. Durch die energetische
Resonanz des REIKI können wir eine tiefe Verbindung zu
unserem Inneren spüren und uns selbst als unseren
besten Freund annehmen.

Spielerisch heilen: Mit kindlicher Offenheit zu neuer Kraft

Selbststärkung bedeutet auch, den Zugang zur eigenen, kindlichen Freude wiederzufinden. Diese Freude, die tief in uns allen schlummert, ist ein Ausdruck unserer wahren Natur, die von Ängsten und Zweifeln unberührt bleibt. Wenn wir uns selbst mit liebevoller Zuwendung begegnen, öffnen wir uns für die Leichtigkeit und Lebendigkeit, die das Leben so besonders macht. Vera F. Birkenbihl betonte immer die Kraft des spielerischen Lernens und Erkundens. Wenn wir uns selbst die Erlaubnis geben, das Leben spielerisch und mit offenen Augen zu erleben, entfalten wir eine unermessliche Energie und Lebenskraft.

Diese kindliche Freude ist ein Zeichen dafür, dass wir uns selbst angenommen haben und im Einklang mit unserer eigenen Wahrheit leben. REIKI kann uns dabei unterstützen, diese Freude wiederzuentdecken, indem es die energetischen Blockaden löst, die oft aus alten Verletzungen und negativen Überzeugungen bestehen. Die sanfte Energie des REIKI fördert die Transformation von innen heraus und bringt uns in einen Zustand der Seelenheilung und energetischen Harmonie.

Innere Stärke und Resilienz durch liebevolle Selbstzuwendung

Der Weg zur Selbststärkung führt uns letztlich zu einer inneren Stärke, die uns durch alle Höhen und Tiefen des Lebens trägt. Wenn wir lernen, uns selbst mit Achtsamkeit, Liebe und Vergebung zu begegnen, bauen wir eine Resilienz auf, die uns erlaubt, auch in schwierigen Zeiten in unserer Mitte zu bleiben. Diese innere Stärke ist nicht das Ergebnis äußerer Umstände, sondern ein Ausdruck unserer inneren Haltung und der Beziehung zu uns selbst.

REIKI kann uns auf diesem Weg der Resilienz und Selbststärkung begleiten, indem es uns regelmäßig mit heilender Energie versorgt und unsere Selbstheilungskräfte aktiviert. Durch REIKI spüren wir, dass wir die Fähigkeit haben, uns selbst zu regulieren und das Leben in einem Zustand der Balance und Zufriedenheit zu erleben. Diese Resilienz ist die Grundlage für ein erfülltes, freies und liebevolles Leben, das in uns selbst verwurzelt ist.

Die Kraft der Selbststärkung durch Achtsamkeit und liebevolle Zuwendung

Selbststärkung durch liebevolle Zuwendung und Achtsamkeit ist ein Weg zur inneren Freiheit und Selbstentfaltung. Die Ansätze von Vera F. Birkenbihl,

Robert Betz, Byron Katie, Louise Hay und Chuck Spezzano zeigen uns, dass die Heilung und Transformation in uns selbst beginnt und dass die Beziehung zu uns selbst die Basis für ein erfülltes Leben ist. REIKI kann uns in diesem Prozess begleiten und unterstützen, indem es die energetische Harmonie wiederherstellt und uns mit der universellen Lebensenergie verbindet.

Indem wir uns selbst mit Achtsamkeit und Liebe begegnen, entwickeln wir eine tiefgehende Freundschaft zu uns selbst, die uns innere Stärke und Resilienz schenkt. Wir werden zu unserem besten Freund und erkennen, dass wir die Schöpfer unseres eigenen Lebens sind. Die Selbststärkung durch Achtsamkeit und liebevolle Zuwendung führt uns zurück zu unserer kindlichen Freude, unserer Lebenskraft und dem Vertrauen, dass wir alles, was wir brauchen, bereits in uns tragen.

Selbstwertgefühl und der Weg zur Selbstliebe

Selbstwert ist das leise, aber unumstößliche „Ja" zu deiner unverlierbaren Würde, jener inneren Kostbarkeit, die Romano Guardini als göttliches Ur-Geschenk beschrieb. Für ihn wurzelt der Mensch nicht in Leistung oder Urteil, sondern in einer tiefen Bejahtheit durch das Göttliche selbst. Dieses „Ja" ist kein Ergebnis, sondern ein Anfang: Die unerschütterliche Grundlage dafür, dass du bist!

Robert Betz bringt diese Würde in die Erfahrbarkeit der Gegenwart. In seiner Sprache wird Selbstliebe zur bewusst gewählten Haltung, nicht als Ego-Verliebtheit, sondern als Einladung, die eigene Lebensverantwortung zu bejahen. Wer sich selbst mit Liebe und Mitgefühl begegnet, beginnt, alte Rollenbilder loszulassen. In dieser Bewegung entsteht ein innerer Raum von Klarheit, Kraft und innerer Freiheit.

Byron Katie schenkt einen weiteren Zugang: Sie lädt uns bekanntlich mit ihren vier Fragen ein, die Gedanken zu überprüfen, die uns von Selbstwert und Selbstannahme trennen. Ist es wahr, dass ich nicht gut genug bin? Muss ich diesen Gedanken weiter glauben? Ihre Methode befreit, nicht durch Überzeugung, sondern durch Erfahrung. Gedanken verlieren an Macht, und an ihre Stelle tritt ein stilles Erkennen: Ich bin nicht meine Gedanken. Ich bin tiefer, weiter, lebendiger.

In diese Dreierlinie von Erkenntnis, Verantwortung und geistiger Freiheit tritt nun ein vierter, leiser, aber umso tiefer wirkender Impuls: die mystische Weisheit Meister Eckharts.

Meister Eckhart – Dominikaner, Philosoph, Theologe und Mystiker des 13./14. Jahrhunderts, gilt heute als eine der kraftvollsten spirituellen Stimmen Europas. Er sprach eine radikale Sprache der inneren Freiheit, voller Tiefe und Klarheit. Für ihn war das Göttliche nicht fern, nicht außerhalb des Menschen, sondern im Innersten gegenwärtig. In jedem Menschen, sagte er, gibt es einen Seelengrund, in dem sich Gott selbst gebiert. In seinen Worten:

„Das Auge, mit dem ich Gott sehe, ist dasselbe Auge, mit dem Gott mich sieht."

Diese Aussage ist mehr als poetisch. Sie ist eine spirituelle Revolution. Sie hebt jede Trennung zwischen Mensch und göttlichem Ursprung auf. Sie bedeutet: Unser tiefster Wert ist nicht etwas, das wir erreichen, verdienen oder verlieren könnten. Er ist. Immer schon.

Eckharts Denken war zu seiner Zeit unbequem, weil es frei machte. Er setzte sich ein für eine spirituelle Würde, die allen Menschen gleichermaßen innewohnt, auch Frauen und jenen, die im damaligen Kirchenbild keinen Platz hatten. Bis heute sind seine Schriften im Erzbistum Köln offiziell unter Bann, ein Zeichen dafür, wie sehr seine Worte berühren, aufrütteln, befreien.

Und genau deshalb passt Eckhart so gut in diesen Kontext. Denn auch dein inneres Kind trägt diesen Seelengrund in sich: unversehrt, unverlierbar. Wenn du mit REIKI deine Hände auf Herz oder Solarplexus legst, kannst du diesen Ort spüren: jenseits von Gedanken, jenseits von Selbstzweifeln. Der Atem wird ruhiger. Alte Überzeugungen verlieren ihre Härte. Und vielleicht, ganz zart, beginnt in dir ein Satz zu leuchten:

„Ich bin genug, weil das Göttliche (Schöpferische) in mir ruht."

So verbinden sich Guardinis leises Vertrauen, Betz' mutige Einladung zur Selbstannahme, Katies klärender Blick auf Gedanken und Eckharts mystische Gelassenheit zu einer vierstimmigen Harmonie. Eine Resonanz, die jede Zelle nährt, dein Nervensystem beruhigt und dein Herz für die Freude des Daseins öffnet.

Selbstliebe ist dann keine ferne Idee mehr, sondern eine lebendige Wirklichkeit, getragen vom Wissen:

Du bist bejaht. Du bist gehalten. Du bist frei.

Der Ursprung des Selbstwertgefühls

Das Gefühl, wertvoll zu sein, entsteht nicht durch Worte allein – es wächst in Beziehung. Es wächst dort, wo wir als Kinder gesehen, gehört und liebevoll gespiegelt wurden. Selbstwertgefühl ist kein erlerntes Konzept, sondern ein tiefes inneres Erleben: *„Ich bin richtig, so wie* *ich bin.“* Diese Überzeugung bildet das Fundament für Selbstliebe, Lebensfreude und seelische Stabilität. Doch nicht jede Kindheit schenkt diese Gewissheit.

Bereits im 18. Jahrhundert sprach der französische Philosoph Jean-Jacques Rousseau von der „ursprünglichen Gutheit" des Menschen. In seinem berühmten Erziehungsroman *Émile* beschreibt er das Kind als ein von Natur aus liebenswertes Wesen: neugierig, sensibel und offen. Rousseau trat für eine Erziehung ein, die auf Freiheit, Vertrauen und Achtung vor dem kindlichen Wesen gründet. Seine Gedanken gelten heute als Grundstein einer humanistischen Pädagogik und machen deutlich: Wenn wir als Kinder in unserer Lebendigkeit unterstützt und nicht korrigiert wurden, kann sich ein stabiler Selbstwert von Beginn an entfalten.

Jean Piaget, ein Schweizer Entwicklungspsychologe und einer der einflussreichsten Denker des 20. Jahrhunderts, erforschte in jahrzehntelanger Arbeit die geistige Entwicklung von Kindern. Für ihn war das Kind kein passiver Empfänger von Wissen, sondern ein aktiver Forscher seines eigenen Weltverständnisses. Piaget zeigte auf, wie stark die Umwelt das Selbstbild formt und dass Kinder mit jeder neuen Erfahrung ihr inneres Bild von sich und der Welt aufbauen.

Wird das Kind ermutigt, seine Gedanken frei zu äußern, seine Gefühle ernst zu nehmen, seine Grenzen zu wahren, entsteht ein Ich-Gefühl, das tragfähig ist. Bleibt diese Resonanz aus, entwickelt sich oft ein fragiles

Selbstbild, von Zweifeln durchzogen, abhängig von äußerer Bestätigung.

Wolfgang Schulz, deutscher Pädagoge und Mitbegründer der sogenannten *Berliner Schule* der pädagogischen Psychologie, brachte diesen Blick weiter in den Alltag von Erziehung und Bildung. Er verstand Erziehung nicht nur als Wissensvermittlung, sondern als Beziehungsgeschehen. Für Schulz war klar: Kinder brauchen Anerkennung, um ein gesundes Selbstwertgefühl zu entwickeln. Eine Anerkennung, die nicht an Bedingungen geknüpft ist. Seine Forschungen betonten die Bedeutung emotionaler Rückmeldung im Bildungsprozess. Ein Kind, das Wertschätzung erfährt, wird nicht angepasst. Es wird gestärkt. Und: ein Kind, das sich seiner angenommen fühlt, wächst innerlich aufrecht.

Doch was geschieht, wenn diese Erfahrungen fehlen oder verletzt wurden?

Viele Menschen tragen bis heute die Spuren einer Kindheit in sich, in der Liebe an Bedingungen geknüpft war, in der Leistung mehr zählte als Gefühl, in der sie sich anpassen mussten, um angenommen zu sein. Solche frühen Prägungen hinterlassen tiefe Spuren:

– Das Gefühl, nicht genug zu sein.
– Die Angst vor Ablehnung.
– Eine permanente Selbstkritik, die jede Freude dämpft.
– Und ein Körper, der Spannungen speichert, wo eins
  Nähe fehlte.

Doch es ist nie zu spät, diesen inneren Schmerz zu verwandeln. Denn das Kind in uns lebt weiter, nicht als Erinnerung, sondern als lebendiger Anteil unseres Selbst, der noch immer darauf wartet, gesehen zu werden.

Mit Achtsamkeit beginnen wir, diesen Anteil wahrzunehmen, jenseits von Urteil und Selbstvorwurf. Mit Eigenverantwortung übernehmen wir heute, was früher fehlte: den aktiven Schutz, die liebevolle Präsenz, das beständige „Ich bin für dich da".

Und mit der sanften, berührenden Kraft von REIKI schaffen wir einen Raum, in dem sich das verletzte Kind sicher fühlen darf. Wenn wir unsere Hände auf Herz oder Solarplexus legen, laden wir diese tiefere Ebene ein, sich zu zeigen, ohne Druck, ohne Ziel, einfach in liebevoller Bereitschaft.

Vielleicht flüstert es dann zum ersten Mal:
„Du darfst dich selbst lieben – weil du es wert bist."

Selbstwertgefühl ist kein Ergebnis einer perfekten Vergangenheit. Es ist die Rückverbindung mit einer Wahrheit, die immer schon in uns war:

Du bist wertvoll.

Du bist genug.

Du bist hier willkommen.

Stilleübung zur Stärkung des Selbstwertgefühls mit Cho Ku Rei

Diese Übung lädt dich ein, in einen ruhigen inneren Raum zu sinken – einen Ort, an dem du deinem wahren Wert begegnen darfst. Mit Hilfe des Symbols Cho Ku Rei verstärkst du die Verbindung zu deinem inneren Licht und lenkst sanft die Aufmerksamkeit auf deine Einzigartigkeit. Du brauchst nichts zu beweisen, nichts zu leisten – du bist eingeladen, einfach zu sein.

Vorbereitung:

- Suche dir einen stillen Ort, an dem du für einige Minuten ungestört bist.

- Setze dich aufrecht und bequem hin. Die Füße berühren den Boden, die Hände ruhen locker auf deinen Oberschenkeln oder auf deinem Herzraum.

- Schließe die Augen und atme einige Male tief ein und aus.

Die Übung:

Lass deinen Atem ruhiger werden. Mit jedem Ausatmen gibst du ein wenig Spannung ab. Mit jedem Einatmen kommst du mehr bei dir an.

Lenke nun deine Aufmerksamkeit zu deinem Herzen. Spüre deinen Brustkorb sich heben und senken. Vielleicht kannst du den Herzschlag wahrnehmen. Lege nun eine

Hand auf dein Her, die andere darf auf dem Unterbauch ruhen.

Visualisiere innerlich das REIKI-Symbol Cho Ku Rei über deinem Herzzentrum. Du kannst es dir leuchtend vorstellen, wie aus Licht gezeichnet, golden oder weiß.

Sprich innerlich oder laut:

„Cho Ku Rei: bitte bring mir die Kraft, mich selbst als wertvoll zu erkennen."

Bleibe in der Stille. Nimm wahr, was sich in dir regt. Vielleicht zeigen sich Bilder aus der Kindheit. Vielleicht spürst du Wärme, vielleicht auch eine leise Unsicherheit. Was immer da ist. Es darf alles da sein.

Erlaube dir, ohne Urteil zu atmen. Spüre die Verbindung zwischen deiner Hand und deinem Herzen. Verweile in dieser stillen Zuwendung.

Wenn du bereit bist, flüstere dir selbst leise zu, wie einem geliebten Kind:

„Ich bin wertvoll. Ich bin willkommen.
Ich darf so sein, wie ich bin."

Wiederhole diesen Satz einige Atemzüge lang, ganz sanft. Fühle, wie sich mit jeder Wiederholung eine neue Weichheit in dir ausbreitet.

Lass das Symbol Cho Ku Rei weiter in deinem Herzen leuchten. Es verankert die Erfahrung. Es erinnert dich an deinen inneren Kern.

Abschlussimpuls:
Bevor du die Augen wieder öffnest, lege beide Hände auf dein Herz und sage still:

„Ich danke mir für diesen Moment der Nähe zu mir selbst."

Kehre in deinem Tempo zurück: gestärkt, zentriert und in dem Wissen, dass dein Wert nicht von außen kommt, sondern tief in dir leuchtet.

Der Weg zur Selbstliebe: Ein Prozess der Selbstheilung und Transformation

Selbstliebe ist ein Prozess, der mit dem Erkennen und Akzeptieren unserer inneren Wunden beginnt. Oft haben wir emotionale Blockaden in uns, die uns daran hindern, unser wahres Wesen zu erkennen und zu lieben. REIKI kann uns dabei unterstützen, diese Blockaden zu lösen und die heilende Energie in die Bereiche zu leiten, die besondere Aufmerksamkeit brauchen. Durch die sanfte Energie des REIKI erfahren wir eine tiefe Beruhigung und die Möglichkeit, uns selbst mit Mitgefühl und Geduld zu begegnen.

Selbstliebe bedeutet, sich selbst in allen Facetten anzunehmen, auch mit den Schwächen, Fehler und Unsicherheiten, die jeder Mensch in sich trägt. Dieser Akt der Selbstannahme ist heilsam, denn er befreit uns von der ständigen Notwendigkeit, uns zu perfektionieren und den Erwartungen anderer zu entsprechen. REIKI hilft uns,

in eine energetische Harmonie zu kommen, in der wir uns
selbst als ganz und vollständig wahrnehmen können. Es
schenkt uns die Kraft, alte Überzeugungen loszulassen
und neue, positive Gedanken über uns selbst zu
entwickeln. So wird Selbstliebe zu einer lebendigen,
wachsenden Kraft, die uns stärkt und unser Leben
bereichert.

Die Aktivierung der Selbstheilungskräfte und die Rückkehr zur Freude

Wenn wir uns selbst lieben, aktivieren wir die
Selbstheilungskräfte, die in uns ruhen. Selbstliebe ist nicht
nur ein schönes Gefühl, sondern eine kraftvolle Energie,
die unseren Körper, Geist und unsere Seele in Balance
bringt. Sie gibt uns das Vertrauen, dass wir in der Lage
sind, für unser eigenes Wohl zu sorgen und ein Leben in
Gesundheit und Harmonie zu führen. REIKI unterstützt
diesen Prozess der Selbstheilung, indem es Blockaden
sanft auflöst und die Lebensenergie wieder zum Fließen
bringt. Diese Energie fördert nicht nur unsere physische
Gesundheit, sondern nährt auch unseren Geist und
unsere Seele.

Durch die Praxis der Selbstliebe und REIKI können wir die
kindliche Freude, die in jedem von uns steckt,
wiederentdecken. Diese Freude ist Ausdruck unserer
tiefsten Natur und verbindet uns mit dem Gefühl der Fülle
und Leichtigkeit, das uns erlaubt, das Leben in seiner
ganzen Schönheit zu erfahren. Wenn wir unser

Selbstwertgefühl stärken und uns selbst lieben, kehrt diese Freude in unser Leben zurück und erfüllt uns mit Dankbarkeit und Zufriedenheit.

Vom Selbstzweifel zur Selbstliebe – ein alchemistischer Prozess

Es ist ein stiller Weg, der hier beginnt – von der Härte des inneren Urteils hin zur Güte eines liebevollen Selbstblicks. Nicht geradlinig, nicht immer leicht – aber voller Kraft. Selbstliebe entsteht nicht plötzlich. Sie entfaltet sich, wie eine Rose, Blüte für Blüte. Und jede dieser Blüten steht für einen Menschen, dessen Gedanken wie Leuchtzeichen sind – für das, was in uns heilen darf.

Brené Brown, US-amerikanische Sozialforscherin, wurde durch ihre bahnbrechende Arbeit zu Scham, Verletzlichkeit und Mut weltweit bekannt. Sie spricht eine Sprache, die direkt ins Herz trifft, weil sie aufzeigt, dass wahre Stärke nicht darin liegt, makellos zu erscheinen, sondern den Mut aufzubringen, sich in seinem Menschsein zu zeigen.

In ihrem Buch *„Verletzlichkeit macht stark"* beschreibt sie eindrucksvoll, wie Scham uns klein hält und wie wir durch das Teilen unserer Verletzlichkeit nicht schwächer, sondern echter und tiefer verbunden werden.

REIKI bietet in dieser Hinsicht einen kostbaren Erfahrungsraum. Wenn wir in einer Behandlung still werden, Hände auflegen, einfach atmen, dann dürfen wir uns erlauben, weich zu werden. Dort, in diesem geschützten Feld, darf alles da sein: die Angst, nicht zu genügen. Die Sehnsucht, gehalten zu werden. Die stille Hoffnung, doch liebenswert zu sein. In dieser sanften Umgebung wird Verletzlichkeit zur Brücke, nicht zur Schwäche, sondern zur Wahrheit.

Eine weitere Stimme, die vielen Menschen wie eine weise Gefährtin geworden ist, gehört Pema Chödrön. Als buddhistische Nonne im Westen hat sie eine einzigartige Fähigkeit, spirituelle Tiefe mit psychologischer Klarheit zu verbinden. Ihre Bücher, etwa: *„Wenn alles zusammenbricht"*, sind keine Anleitungen zum „Weitermachen", sondern Einladungen zum Innehalten.

Zum Dableiben, auch wenn es weh tut. Sie zeigt, dass wir gerade in Momenten der Angst oder Überforderung nicht fliehen müssen. Sondern lernen können, im Feuer still zu sitzen, nicht passiv, sondern präsent. Und genau das macht REIKI möglich: einen geschützten Raum, in dem wir den Sturm nicht unterdrücken, sondern achtsam durchleben dürfen.

Wenn in diesen Momenten das *Sei He Ki* auf den Solarplexus gelegt wird, beginnt oft eine tiefe Entspannung, nicht, weil alles gut ist, sondern weil wir *anwesend* sind. Mit allem, was ist. Und genau diese Form der Gegenwärtigkeit ist bereits Heilung.

Und dann ist da noch Thich Nhat Hanh, vietnamesischer Zen-Meister, Poet, Friedensaktivist, Lehrer der Achtsamkeit und des mitfühlenden Lebens. Seine Lehren sind einfach, fast kindlich schlicht, und doch unendlich tief.

In seinen Texten klingt eine Sprache an, die nicht argumentiert, sondern atmet. Sein Verständnis von *coming home* ist kein Ziel. Es ist ein Erkennen. Heimkommen zu sich selbst, zu diesem Atemzug, zu dieser Hand, zu diesem Herzschlag. In einem seiner bekanntesten Werke *„Du bist ein Geschenk für die Welt"* beschreibt er das Wundervolle des Gewöhnlichen. Jeder Schritt, jedes Lächeln, jede bewusste Bewegung kann Ausdruck von Achtsamkeit und Liebe sein.

Wenn du das Symbol *CKR* auf dein Herz zeichnest und dir erlaubst, einfach da zu sein, beginnt dieses Heimkommen. Nicht als Konzept. Als Erfahrung. Du bist dann nicht länger auf der Suche. Du bist angekommen. In deinem Körper. In deinem Dasein. In einem inneren Raum, in dem du einfach sein darfst.

„Du bist sicher. Du darfst hier sein."

Diese drei Stimmen von Brené Browns Mut zur Verletzlichkeit, Pema Chödröns Einladung zur Präsenz inmitten des Schmerzes, Thich Nhat Hanhs tiefe Achtsamkeit im Allta eröffnen Zugänge zur Selbstliebe, die

nicht von außen kommen. Sie erinnern uns an das, was
längst in uns lebt und durch REIKI spürbar wird:

Nicht Stärke durch Abgrenzung,
sondern durch Berührbarkeit.
Nicht Liebe durch Leistung, sondern durch Sein.
Nicht Ruhe durch Rückzug,
sondern durch bewusstes Dasein.

Selbstachtung und Güte – erste Schritte auf dem inneren Heilkreis

Wahre Selbstliebe beginnt nicht mit dem großen Versprechen, sondern mit einer stillen Entscheidung: sich selbst freundlich zu begegnen – so wie einem Menschen, den man liebt. Robert Betz erinnert uns daran, dass wir die Schöpfer unserer Gefühle sind. REIKI greift diesen Impuls auf und macht ihn spürbar: Mit jeder bewussten Handauflegung auf Herz oder Bauch fließt nicht nur Energie – es fließt Verantwortung, getragen von Mitgefühl.

Kristin Neff und Christopher Germer zeigen eindrucksvoll, wie Selbstmitgefühl messbar das Nervensystem beruhigt. In einer REIKI-Sitzung geschieht genau das: Der Atem vertieft sich, der Herzschlag verlangsamt sich, der ventrale Vaguszweig wird aktiviert – biologische Beweise gelebter Güte.

Und wenn dann in der Ruhe der Behandlung ein alter, schmerzvoller Gedanke auftaucht – etwa: „Ich genüge nicht" – bietet Byron Katies Arbeit eine stille, sanfte Brücke: Ist dieser Gedanke wirklich wahr? Kann ich sicher sein, dass er wahr ist?

Freundschaft mit dem eigenen Herzen

Louise Hay, lädt uns ein, einen neuen Umgang mit uns selbst zu pflegen und das buchstäblich im Spiegel. Ihre bekannte "Spiegelarbeit" ist mehr als eine einfache Übung. Sie ist eine Einladung, sich selbst in die Augen zu schauen: ehrlich, offen, liebevoll. Am Anfang mag das befremdlich wirken. Manche weichen dem eigenen Blick aus oder spüren Widerstand, wenn sie sagen: „Ich liebe dich." Und doch liegt gerade in dieser Einfachheit eine tiefe Wahrheit verborgen: Wir können lernen, uns selbst wie einen geliebten Menschen zu sehen.

In meinen Seminaren entstehen wunderbare Situationen der Transformation. Der Spiegel, das Spiegelbild kann so heilsam wirken. REIKI ist eben ein Raum, in dem man geborgen ist, so etwas zu tun.

REIKI bietet hier diese stille Unterstützung. Während wir die Hände sanft auf das Herz oder den Solarplexus legen, entsteht eine Resonanz, ein Fluss, der uns nicht nur berührt, sondern auch beruhigt, ja liebevoll durchdringt. In dieser Ruhe wird der Spiegelblick weicher, das innere Urteil leiser. Aus einem mechanischen Satz wird eine fühlbare Botschaft:

„Ich bin da. Und das genügt."

REIKI hilft, dass dieser zarte Dialog nicht im Kopf stecken bleibt, sondern vom Herzen her entsteht und nachwirkt.

Die Psychologin und Meditationslehrerin Tara Brach
vertieft diesen Zugang mit einer Methode, die sie R.A.I.N.
nennt:

> Recognize (erkenne, was ist),
> Allow (erlaube dem Gefühl da zu sein),
> Investigate (erforsche mit Mitgefühl) und
> Nurture (nähre dich liebevoll).

Es ist eine meditative Übung, die Raum schafft für alles,
was sich in uns zeigen möchte, gerade in den Momenten,
in denen wir mit alten Mustern oder Selbstkritik
konfrontiert sind. Nach einer REIKI-Selbstbehandlung,
wenn der Körper weich geworden ist und das Herz sich
etwas geöffnet hat, fällt es leichter, diese vier Schritte zu
gehen. Die Annahme bleibt dann nicht nur kognitiv,
sondern wird im ganzen Wesen spürbar.

Wir erfahren:

> Ich kann mich halten – mit allem, was ich bin.

Thich Nhat Hanh, der sanfte Zen-Meister, Dichter und
Friedensaktivist aus Vietnam, hat uns eine tiefe Weisheit
geschenkt: Achtsamkeit ist nicht nur eine Praxis. Sie ist
ein Heimkommen. Ein Zurückfinden in den Körper, in das
Jetzt, in die Stille des Herzens. Für ihn ist das Innehalten
kein Rückzug, sondern eine Rückverbindung mit dem
Wesentlichen. "Coming home": Dieses Bild beschreibt,

wie wir mit jedem achtsamen Atemzug, mit jeder liebevollen Geste uns selbst wiederfinden dürfen.

Wenn du das REIKI-Symbol CKR auf dein Herz zeichnest, geschieht genau das: Ein inneres Ankommen geschieht. Nicht weil alles perfekt ist, sondern weil du dir erlaubst, da zu sein. In dieser Haltung entsteht Sicherheit, nicht von außen gegeben, sondern von innen gefühlt:

„Ich bin sicher. Ich darf hier sein."

So verweben sich Louise Hays heilende Worte, Tara Brachs achtsame Selbstbegleitung und Thich Nhat Hanhs geerdete Weisheit zu einem liebevollen Netz, das trägt und REIKI ist der goldene Faden darin, der alles zusammenhält.

Vom Selbstzweifel zur Selbstliebe – ein lebendiger Wandlungsprozess

Brené Brown, US-amerikanische Sozialwissenschaftlerin, hat mit ihrer Forschung über Scham, Verletzlichkeit und Mut Millionen Menschen berührt. Ihre Botschaft ist klar:

Mut entsteht nicht durch Stärke, sondern durch Echtheit.

Wenn wir bereit sind, uns zu zeigen, auch mit unseren Ängsten und Zweifeln, beginnt Heilung. Und genau das ermöglicht REIKI: einen Raum, in dem Verletzlichkeit nicht bedroht ist, sondern gehalten wird.

Diese Wahrheit durfte ich in vielen Sitzungen selbst erfahren. Menschen kamen zu mir, erfüllt von innerer Unruhe, Unsicherheit, Angst. Einige weinten leise, mit einem Ausdruck tiefer Erschöpfung. Und während sie sich zeigten, blieb ich einfach da. In stiller, reiner Präsenz, getragen von REIKI.

Ich erlebte, wie sich etwas verändert, nicht weil ich etwas sagte, sondern weil ich nichts forderte. Weil die Klientin oder der Klient spürte:

Ich darf so sein.

Ich darf erzählen.

Und ich werde angenommen – auch in meiner Angst.

In diesem sicheren Raum begannen sich erste Knoten zu lösen. Tränen wurden zu Erleichterung, Worte zu Vergebung. Was zurückblieb, war keine Schwäche, sondern eine leise, kraftvolle Selbstannahme.

REIKI wirkte nicht wie eine Methode. Es wurde zu einem stillen Raum der Liebe. Ein Raum, in dem sich alte Geschichten neu schreiben durften, nicht aus dem Kopf, sondern aus dem Herzen.

Selbstliebe kultivieren – innere Stärke und Fülle

Der Weg zur Selbstliebe ist kein geradliniger Pfad – er ist vielmehr eine Spirale. Immer wieder kehren vertraute Themen zurück, alte Muster tauchen auf, bekannte Zweifel melden sich. Doch mit jeder Runde, die wir bewusst durchschreiten, gelangen wir eine Ebene tiefer – näher an unsere Wahrheit, an unser Herz. Diese Bewegung ist zyklisch, nicht linear, und sie folgt einem inneren Rhythmus, der oft tiefer wirkt, als unser Verstand erfassen kann.

Der Astrologe und Denker **Wolfgang Döbereiner**, Begründer der Münchener Rhythmenlehre, beschreibt das Leben als eine Abfolge rhythmischer Fragestellungen. Jede Zeit bringt ihre eigenen Themen hervor – nicht als starres Schicksal, sondern als Einladung zur Antwort. Der Mensch, so Döbereiner, steht in einem lebendigen Dialog mit der Zeit. Die Fragen kommen, ob wir sie wollen oder nicht. Aber wie wir antworten, liegt in unserer Hand. REIKI unterstützt diesen Dialog mit uns selbst. Es schenkt die stille Tiefe, in der wir überhaupt erst hören, was gefragt ist. Und es hilft, Antworten zu finden – nicht im Sinne eines „richtig" oder „falsch", sondern stimmig. Echtheit statt Erwartung.

An dieser Stelle ergänzt die Polyvagal-Theorie von Stephen Porges das Verständnis um eine tiefgreifende Erkenntnis: Heilung geschieht nur in einem inneren Zustand von Sicherheit. Das autonome Nervensystem, insbesondere der ventrale Zweig des Vagusnervs, reguliert unser Gefühl von Verbundenheit, Ruhe und Vertrauen. Wenn wir uns sicher fühlen, kann das Nervensystem entspannen, emotionale Wunden dürfen sich zeigen – und heilen. REIKI aktiviert diesen Zweig auf natürliche Weise: Durch die sanfte Berührung, die meditative Atmung und das achtsame Dasein entsteht ein energetisches Feld, in dem sich nicht nur Erwachsene, sondern insbesondere auch die verletzten Anteile des Inneren Kindes geschützt fühlen.

Sie spüren:

Ich werde gesehen. Ich bin willkommen.

Und schließlich: Worte haben Macht. Sie formen unser inneres Erleben. Affirmative Sätze nach Louise Hay, wie „Ich bin liebenswert" oder „Ich erlaube mir, mich selbst zu achten", wirken wie Samen in unserem Bewusstsein.

Wenn sie mit REIKI kombiniert werden, erhalten sie ein nährendes Umfeld, in dem sie wirklich Wurzeln schlagen können

In dieser zyklischen Bewegung, von der Achtsamkeit zur Regulation, von der Erkenntnis zur Verkörperung, entfaltet sich Selbstliebe nicht als fernes Ziel, sondern als gelebte Gegenwart. REIKI bleibt dabei die stille Kraft im Hintergrund, wie ein steter, liebevoller Herzschlag, der uns daran erinnert: Du bist genug. Jetzt. In diesem Moment.

Essenz – REIKI als Erinnerung an dein wahres Wesen

Wenn du dich mit REIKI verbindest, erinnerst du dich: Würde, Liebe und Frieden sind keine Ziele. Sie sind bereits in dir angelegt. In deinem Energiekörper, in deiner inneren Wahrheit.

Jede der vorgestellten Stimmen: Hay, Katie, Brown, Thich Nhat Hanh, Pema Chödrön, schenkt dir ein Wort, ein Bild, eine Geste der Erinnerung. REIKI fügt sie zu einem lebendigen Raum, einer inneren Tür, die sich nach innen öffnet, zu deinem wahren Selbst.

Selbstliebe ist kein ferner Gipfel. Sie ist ein Herzschlag. Eine Handauflegung. Ein Blick in den Spiegel. Ein sanftes:

„Ich bin da.“

REIKI-Übungen zur Förderung von Selbstliebe und Akzeptanz

REIKI ist eine sanfte, energetische Praxis, die uns nicht nur auf körperlicher Ebene stärkt, sondern auch tief in unsere Seele wirkt. Besonders, wenn es um Selbstliebe und Selbstakzeptanz geht, kann REIKI ein wertvoller Wegbegleiter sein. In einer Welt, die oft hohe Anforderungen an uns stellt, verlieren wir leicht das Gefühl dafür, was es bedeutet, sich selbst mit allen Stärken und Schwächen liebevoll anzunehmen. Mit speziellen REIKI-Übungen zur Selbstliebe können wir unser Herz für uns selbst öffnen, alte Blockaden lösen und eine tiefe Verbindung zu unserem Inneren aufbauen. Dabei spielt das Symbol *Se He Ki*, das im REIKI II vermittelt wird, eine zentrale Rolle, da es gezielt auf emotionale und mentale Ebenen wirkt. Eine regelmäßige Praxis kann zu einer inneren Balance führen und uns helfen, in der eigenen Haut zuhause zu sein.

Hier sind einige REIKI-Übungen, die dich auf dem Weg zur Selbstliebe und Akzeptanz unterstützen können.

Die Se He Ki-Meditation für emotionale Heilung und Selbstliebe

Se He Ki ist ein Symbol, das im REIKI häufig für emotionale Heilung und das Lösen alter Muster genutzt wird. Es hilft dabei, negative Gedanken, Selbstzweifel und emotionale Wunden auf sanfte Weise aufzulösen. Diese Meditation mit *Se He Ki* ermöglicht es dir, die Energie von Liebe und Akzeptanz in dich fließen zu lassen und den Raum für Selbstliebe zu öffnen.

- **Anleitung**:

    1. Setze oder lege dich an einen ruhigen Ort, an dem du nicht gestört wirst.

    2. Atme einige Male tief ein und aus, um deinen Geist zu beruhigen.

    3. Zeichne mental oder mit deiner Hand das *Se He Ki*-Symbol in die Luft oder auf dein Herzchakra (Mitte der Brust).

    4. Sprich dreimal den Namen des Symbols: *Se He Ki*. Visualisiere, wie das Symbol in dein Herz fließt und eine sanfte, heilende Energie in dir auslöst.

    5. Stelle dir vor, wie diese Energie alle Bereiche deines Körpers und deiner Seele

durchdringt und jegliche Spannungen,
Ängste oder Selbstzweifel auflöst.

6. Wiederhole innerlich die Worte „Ich liebe und
   akzeptiere mich, so wie ich bin." Lasse diese
   Worte auf dich wirken und spüre die
   Veränderung in dir.

7. Verweile einige Minuten in dieser Energie,
   bevor du dich langsam wieder auf den Raum
   um dich konzentrierst.

Durch diese Meditation förderst du die Selbstliebe, da *Se He Ki* die tief sitzenden Blockaden löst, die oft im Wege stehen. Diese Übung kann regelmäßig wiederholt werden und ist besonders hilfreich in Momenten, in denen du dich unsicher oder von Selbstzweifeln geplagt fühlst.

Die REIKI-Selbstbehandlung zur Förderung von Selbstakzeptanz

Eine grundlegende REIKI-Selbstbehandlung hilft, das Vertrauen in sich selbst zu stärken und sich liebevoll zu begegnen. Diese Übung verbindet dich mit der REIKI-Energie und ermutigt dich, dich selbst als Quelle von Stärke und Liebe wahrzunehmen. Es ist eine einfache, aber kraftvolle Praxis, die dir dabei hilft, deine Gedanken zu beruhigen und Selbstakzeptanz zu fördern.

- **Anleitung**:

    1. Nimm eine entspannte Sitz- oder Liegeposition ein und schließe die Augen.

    2. Reibe deine Hände aneinander, um die Energie in deinen Handflächen zu aktivieren.

    3. Lege deine Hände auf dein Herzchakra und visualisiere, wie sanfte, heilende Energie aus deinen Handflächen in dein Herz fließt.

    4. Lasse diese Energie warm und weich sein, wie eine Umarmung für dein Inneres.

    5. Wandere dann zu weiteren Chakren und Energiebereichen, wie deinem Solarplexus und deinem Bauch, und lege deine Hände dort auf. Spüre, wie die REIKI-Energie in diese Bereiche fließt und dich in einem Zustand der Ruhe und des Friedens wiegt.

6. Während du deine Hände auf verschiedenen
   Bereichen deines Körpers ruhen lässt,
   wiederhole innerlich Affirmationen wie „Ich
   akzeptiere mich vollständig" oder „Ich bin
   genug".

Diese Selbstbehandlung fördert die Selbstakzeptanz und
schafft einen heilsamen Raum, in dem du dir selbst nahe
sein kannst. REIKI wirkt hier als Vermittler und bringt dich
in Resonanz mit deinem eigenen Wert und deiner inneren
Stärke.

Der REIKI-Kreis für kollektive Unterstützung in der Selbstliebe

Ein REIKI-Kreis ist eine wunderbare Methode, um sich gegenseitig in der Energie der Liebe und Heilung zu unterstützen. Diese Übung lässt sich in Gruppen praktizieren und verstärkt die Energie von REIKI, da sie durch die Teilnahme mehrerer Menschen verstärkt wird. Ein REIKI-Kreis kann dir helfen, Selbstakzeptanz und Selbstliebe zu erfahren, indem du dich in einem sicheren Raum von Energie umgeben fühlst, die getragen ist von der Absicht, sich selbst und andere zu heilen.

- **Anleitung**:

    1. Setzt euch im Kreis, entweder auf Stühlen oder im Schneidersitz auf dem Boden. Alle Teilnehmer sollten ihre Hände auf die Hände der Nachbarn links und rechts legen, sodass der Energiekreis geschlossen wird.

    2. Ein Teilnehmer, vorzugsweise ein REIKI-Meister oder -Praktizierender, leitet die Übung an, indem er die REIKI-Energie in den Kreis fließen lässt und alle Teilnehmer bittet, sich auf Selbstliebe und Akzeptanz zu konzentrieren.

    3. Visualisiert gemeinsam das *Se He Ki*-Symbol in der Mitte des Kreises und

wiederholt den Namen leise, während ihr
euch vorstellt, wie die Energie des Symbols
alle Anwesenden durchflutet.

4. Jeder Teilnehmer stellt sich vor, wie er Liebe
    und heilende Energie in sich aufnimmt und
    gleichzeitig in den Kreis zurückgibt, sodass
    ein stetiger Fluss von Energie und
    Unterstützung entsteht.

5. Nach etwa 10-15 Minuten schließt der
    Anleiter die Übung mit Worten der
    Dankbarkeit und des Friedens.

Der REIKI-Kreis bietet eine kollektive Erfahrung von
Heilung und Akzeptanz, die dein Herz für Selbstliebe
öffnet. Die Energie eines solchen Kreises kann tief wirken
und dir zeigen, dass du mit anderen verbunden bist und
zugleich deinen eigenen Raum der Liebe und
Wertschätzung hast.

Die Selbstreflexions-Übung mit REIKI für tiefere Akzeptanz

Ein stiller Blick nach innen

Manchmal braucht es keinen großen Moment,
sondern nur den Hauch einer Absicht –
ein leises Innehalten,
ein Atemzug, der tiefer geht,
eine Berührung, die nicht von außen kommt,
sondern aus der eigenen Mitte erwächst.

In diesem Raum,
wo keine Rolle zählt, kein Urteil gilt,
öffnet sich die Tür zu deinem inneren Zuhause.

Vielleicht war sie lange verschlossen.
Vielleicht stand sie immer einen Spalt offen,
und du hast nur vergessen, wie man sie sanft
aufstößt.

Jetzt ist die Zeit gekommen.
Nicht um zu kämpfen.
Nicht um zu beweisen.
Sondern um zu lauschen.

Auf das Flüstern in dir.
Auf den Anteil, der sich nach Liebe sehnt,
und den Mut hat, sich endlich zeigen zu dürfen.

Diese Übung ist eine Einladung –
nicht um dich zu verändern,
sondern um dich wieder zu erinnern:

Du warst nie getrennt.
Du warst immer gemeint.
Und REIKI begleitet dich dabei,
dieses leise Wissen wieder lebendig werden zu
lassen.

Die folgende achtsame Praxis verbindet die heilende Kraft von REIKI mit gezielter Selbstreflexion. Sie lädt dich ein, still zu werden, nach innen zu lauschen und dich in liebevoller Präsenz dir selbst zuzuwenden. So entsteht ein Raum, in dem Akzeptanz wachsen und Selbstliebe tiefer verankert werden kann.

Anleitung:

1. **Finde eine bequeme Sitzhaltung.**
   Schließ sanft die Augen. Leg deine Hände in Gebetshaltung vor dein Herz. Lass deinen Atem ruhig und tief werden. Erlaube dir, ganz im Moment anzukommen.

2. **Verbinde dich mit der REIKI-Energie.**
   Spüre, wie sie durch deine Hände in deinen Körper fließt –> wie ein warmes, lichtvolles Strömen, das dich liebevoll einhüllt.

3. **Stelle dir sanft eine der folgenden Fragen:**

*„Was hindert mich gerade daran, mich
selbst liebevoll anzunehmen?"*

*„Was würde ich einem Menschen sagen, den
ich liebe, wenn er sich so fühlt wie ich
gerade?"*

Lass die Antwort in dir aufsteigen, ohne zu
drängen. Beobachte, was sich zeigt: Gedanken,
Gefühle, Eindrücke, Düfte, Töne, Musik, innere
Bilder.

4. **Begegne allem mit freundlicher Offenheit.**
   Verzichte auf Bewertung. Alles, was erscheint, darf
   da sein. Erkenn es als Teil deiner inneren
   Wirklichkeit, vielleicht sogar als eine Botschaft
   deines inneren Kindes.

5. **Zeichne nun das REIKI-Symbol Se He Ki in dein
   Herzchakra.**
   Bitte in stillem Vertrauen um die Kraft, dich selbst
   bedingungslos annehmen und lieben zu können.
   So wie du bist.

6. **Verweile einige Minuten in dieser Energie.**
   Spüre mit jeder Ausatmung, wie alte Blockaden
   weichen und Raum entsteht: für Leichtigkeit,
   Wärme und ein inneres Ja zu dir selbst.

Diese Übung unterstützt dich dabei, innere Widerstände liebevoll zu erkennen und zu verwandeln. REIKI schenkt dir dabei nicht nur Kraft, sondern auch die stille Zuversicht, dass Heilung in deinem eigenen Tempo geschehen darf.

Heil werden im Licht von REIKI – Selbstannahme als innere Rückkehr

Die Verbindung von REIKI mit Übungen zur Selbstliebe und Akzeptanz ermöglicht eine tiefe innere Heilung und stärkt die Beziehung zu dir selbst. Mit Symbolen wie *Se He Ki*, Meditation und dem gemeinsamen Erlebnis im REIKI-Kreis kannst du die Blockaden lösen, die deinem Selbstwertgefühl und deiner Selbstliebe im Weg stehen. REIKI bringt dich in Resonanz mit deinem wahren Wesen und gibt dir die energetische Unterstützung, um dich selbst anzunehmen und zu lieben. Regelmäßige Übungen fördern die Selbstheilung und führen zu einer dauerhaften Transformation, die dein Leben mit Freude, innerer Stärke und Harmonie bereichert.

Techniken zur Heilung des Inneren Kindes mit REIKI und Selbstreflexion

Die Heilung des Inneren Kindes ist eine Reise zur Versöhnung mit unserer Vergangenheit und zu einem tieferen, liebevollen Verständnis für uns selbst. Das Innere Kind repräsentiert jene verletzlichen, authentischen Anteile in uns, die oft über Jahre hinweg ungehört geblieben sind. Verletzungen aus der Kindheit, selbst kleine Momente von Ablehnung oder Missverständnissen, können uns auch im Erwachsenenalter begleiten und unser Selbstbild prägen. REIKI und Selbstreflexion bieten uns eine einzigartige Möglichkeit, uns diesen Wunden mit Mitgefühl zuzuwenden und sie zu heilen. In Kombination mit den Übungen von Louise Hay, Kristin Neff und Vera F. Birkenbihl kann diese Heilungsreise eine tiefgreifende Transformation bewirken.

Hier sind einige Techniken und Übungen, die dich dabei unterstützen, dein Inneres Kind zu heilen und ihm die Liebe und Anerkennung zu geben, die es verdient.

Selbstliebe und Vergebung: Eine Affirmationsübung nach Louise Hay in Verbindung mit REIKI

Louise Hay ist bekannt für ihre kraftvollen Affirmationen, die uns helfen, negative Glaubenssätze zu überwinden und Selbstliebe zu entwickeln. Besonders für das Innere Kind sind solche Affirmationen heilsam, da sie ihm die Worte geben, die es in der Kindheit vielleicht nie gehört hat. Die Kombination mit REIKI verstärkt die Wirkung dieser Übung, indem die REIKI-Energie die Affirmationen tief in unser Energiesystem integriert.

- **Anleitung**:

    1. Setze dich an einen ruhigen Ort, wo du ungestört bist. Nimm einige tiefe Atemzüge und entspanne dich.

    2. Reibe deine Hände sanft aneinander, bis du Wärme in deinen Handflächen spürst. Lege dann deine Hände auf dein Herzchakra und spüre, wie sich die REIKI-Energie sanft ausbreitet.

    3. Schließe die Augen und beginne, dir selbst sanft folgende Worte zu sagen: „Ich liebe und akzeptiere mich, so wie ich bin." oder „Ich vergebe mir selbst und allen anderen, die mich verletzt haben."

    4. Wiederhole diese Affirmation mehrmals und stelle dir vor, wie die REIKI-Energie diese

Worte wie ein sanftes, heilendes Licht in deinem Herzen verankert.

5. Wenn Gefühle oder Gedanken aufsteigen, lass sie kommen, aber kehre immer wieder zu den Affirmationen und dem Atem zurück. Atme ruhig und lasse die REIKI-Energie dich mit jedem Atemzug tiefer beruhigen.

Diese Übung kann regelmäßig durchgeführt werden, um alte Wunden aufzulösen und die Botschaft der Liebe und Vergebung im Inneren zu festigen. REIKI hilft dabei, die Energie dieser Affirmationen zu verankern und Blockaden zu lösen, die uns bisher daran gehindert haben, uns selbst mit all unseren Facetten zu lieben.

Achtsames Mitgefühl: Eine Übung nach Kristin Neff mit REIKI für das Innere Kind

Kristin Neff betont die Kraft des Selbstmitgefühls als Schlüssel zur Heilung. Das Innere Kind braucht Mitgefühl, um seine Wunden zu heilen und das Vertrauen in sich selbst zurückzugewinnen. REIKI verstärkt dieses Mitgefühl, indem es eine sanfte, heilende Energie in die Bereiche unseres Seins fließen lässt, die am meisten Unterstützung brauchen.

- **Anleitung**:

1. Schließe die Augen und bringe deine Hände sanft auf deinen Bauch, als würdest du dein Inneres Kind halten.

2. Nimm einige tiefe Atemzüge und stelle dir vor, dass dein Inneres Kind dir gegenüber sitzt. Spüre die Verbindung zwischen euch beiden und nimm wahr, wie es sich fühlt.

3. Aktiviere das *Se He Ki*-Symbol, indem du es mental zeichnest oder den Namen leise wiederholst, um die heilende REIKI-Energie auf die emotionale Ebene zu lenken.

4. Sage zu deinem Inneren Kind: „Ich bin hier für dich. Ich liebe und verstehe dich." Stelle dir vor, wie die heilende REIKI-Energie dein Inneres Kind wie eine warme, schützende Umarmung umgibt.

5. Verweile in dieser Energie des Mitgefühls und der Verbundenheit, und lass die REIKI-Energie sanft und ohne Zwang alle Widerstände lösen, die auftauchen.

6. Beende die Übung, indem du deinem Inneren Kind versprichst, dass du immer für es da sein wirst.

Diese Übung hilft, das Innere Kind in einem Zustand der Annahme und Fürsorge zu erfahren. Die heilende Energie

von REIKI ermöglicht es, Gefühle wie Scham oder Angst
sanft zu lösen und in Selbstmitgefühl zu verwandeln.

**Vergebung und Heilung durch den REIKI-Kreis und
Selbstreflexion**

Ein REIKI-Kreis ist eine wunderbare Möglichkeit, um
gemeinsam Heilungsenergie zu verstärken und das Innere
Kind in einem geschützten Raum von Liebe und
Akzeptanz zu erfahren. Diese Übung kombiniert den
REIKI-Kreis mit einem Selbstreflexionsprozess, der es dir
ermöglicht, alte Muster zu erkennen und loszulassen.

- **Anleitung**:

    1. Versammle dich mit anderen REIKI-
       Praktizierenden im Kreis und stellt euch so
       hin, dass jeder die Hände der beiden
       Nachbarn halten kann, um einen
       Energiefluss zu schaffen.

    2. Eine Person im Kreis kann die Leitung
       übernehmen und die Übung beginnen,
       indem sie die REIKI-Energie in den Kreis
       leitet und das *Se He Ki*-Symbol visualisiert,
       um emotionale Heilung zu unterstützen.

    3. Alle Teilnehmer schließen die Augen und
       richten ihre Gedanken auf das Innere Kind,
       bitten um Heilung und um Vergebung für
       sich selbst.

4. ragen, wie „Welche alten Wunden trage ich noch mit mir?" oder „Was würde mein Inneres Kind brauchen, um sich sicher und geliebt zu fühlen?" helfen dabei, Muster und Blockaden zu erkennen.

5. Lasse die REIKI-Energie gemeinsam in die Themen fließen, die sich zeigen, und stelle dir vor, wie die heilende Energie in die alten Verletzungen strömt und sie wie einen sanften, warmen Fluss umspült.

6. Der Kreis schließt die Übung, indem jeder Teilnehmer innerlich seinen Dank ausdrückt und die REIKI-Energie sanft entlässt.

Der REIKI-Kreis schafft eine kraftvolle Resonanz, die es jedem Teilnehmer ermöglicht, Heilung auf einer kollektiven Ebene zu erfahren. Es ist eine unterstützende Gemeinschaftsübung, die das Innere Kind darin bestärkt, sich sicher und wertgeschätzt zu fühlen.

Selbstreflexion und Gedankenhygiene nach Vera F. Birkenbihl in Verbindung mit REIKI

Vera F. Birkenbihl betonte, wie wichtig es ist, unsere Gedanken zu hinterfragen und durch Achtsamkeit eine „Gedankenhygiene" zu entwickeln. Negative Gedanken über uns selbst, die oft aus unserer Kindheit stammen, wirken wie Gift für das Innere Kind und können das

Selbstwertgefühl schwächen. Durch REIKI und Selbstreflexion können wir diese Gedanken bewusst wahrnehmen und in heilende Energie umwandeln.

- **Anleitung**:

    1. Setze dich in eine bequeme Haltung und lege die Hände auf deinen Bauch oder dein Herz, um dich zu erden.

    2. Zeichne das *Se He Ki*-Symbol in deine Handflächen und stelle dir vor, wie heilende Energie in dich fließt und deinen Geist beruhigt.

    3. Lasse Gedanken über dich selbst aufsteigen und beobachte sie, ohne sie zu bewerten. Frage dich: „Dient dieser Gedanke meinem Inneren Kind? Unterstützt er meine Selbstliebe?"

    4. Falls negative Gedanken auftauchen, wie „Ich bin nicht gut genug" oder „Ich mache immer alles falsch", lenke die REIKI-Energie auf diese Gedanken und stelle dir vor, wie sie sich auflösen und durch positive, stärkende Gedanken ersetzt werden.

    5. Wiederhole innerlich Sätze wie „Ich bin wertvoll und liebenswert" oder „Ich bin stolz auf mich" und visualisiere, wie die REIKI-Energie diese Gedanken stärkt und in dir verankert.

6. Beende die Übung, indem du dir selbst dankst und dich mit einem liebevollen Gedanken verabschiedest.

Diese Übung hilft, die „gedankliche Hygiene" zu pflegen und dem Inneren Kind eine unterstützende innere Stimme zu geben. REIKI verstärkt die positiven Gedanken und unterstützt die Selbstreflexion, sodass sich tief verankerte, negative Überzeugungen auflösen können.

Heilung des Inneren Kindes durch REIKI und Selbstreflexion

Die Heilung des Inneren Kindes ist eine Reise, die Geduld, Liebe und Achtsamkeit erfordert. Die Übungen von Louise Hay, Kristin Neff und Vera F. Birkenbihl bieten uns wertvolle Werkzeuge, um diese Heilung auf verschiedenen Ebenen zu fördern. REIKI ergänzt diese Techniken durch seine energetische Kraft, die Blockaden löst und den Raum für Liebe und Selbstakzeptanz schafft. Mit regelmäßiger Praxis können wir alte Wunden des Inneren Kindes heilen und eine harmonische, liebevolle Beziehung zu uns selbst entwickeln.

REIKI und Selbstreflexion eröffnen uns die Möglichkeit, unser Inneres Kind neu zu entdecken und ihm die Liebe und Wertschätzung zu schenken, die es verdient. In diesem Zustand von Heilung und Annahme gewinnen wir innere Stärke und Resilienz und erfahren eine neue Freude und Fülle, die unser Leben bereichern.

Was sind Glaubenssätze und wie entstehen sie?

Glaubenssätze sind tief verankerte „Programme", „Meme", die unser Denken, Fühlen und Handeln beeinflussen. Sie entstehen oft schon in der frühesten Kindheit, wenn wir die Welt mit ungetrübter Offenheit wahrnehmen und alles, was um uns herum geschieht, in unser noch formbares

Bewusstsein aufnehmen. In dieser Phase sind wir wie ein Schwamm, der Eindrücke, Emotionen und Verhaltensweisen unserer Bezugspersonen aufnimmt, bevor wir diese Eindrücke bewusst reflektieren oder in Frage stellen können. Chuck Spezzano spricht hier von „vorsprachlichen Erfahrungen", die tief im Unterbewusstsein verankert bleiben und später als unbewusste Programme oder „innere Programme" weiterwirken.

Louise Hay beschreibt Glaubenssätze als „innere Programmierungen", die sich in Sätzen äußern wie „Ich bin nicht gut genug", „Ich verdiene keine Liebe" oder „Ich schaffe das nicht". Diese Überzeugungen haben sich meist durch wiederholte, oft unreflektierte Imitationen oder durch Erlebnisse, die wir als prägend erfahren haben, in unserem Denken verfestigt. Stefanie Stahl betont, dass viele dieser Glaubenssätze das Selbstwertgefühl beeinträchtigen und das „Schattenkind" – den verletzten Anteil unseres Inneren Kindes – weiter nähren. Diese „Meme", wie Birkenbihl sie nennt, übernehmen die Kontrolle über unser Denken und Handeln und hindern uns daran, unser volles Potenzial zu entfalten.

Glaubenssätze erkennen und reflektieren

Der erste Schritt zur Auflösung hinderlicher Glaubenssätze ist, sie zu erkennen und zu reflektieren. Das kann herausfordernd sein, da viele dieser Überzeugungen tief im Unterbewusstsein liegen und für uns selbstverständlich erscheinen. Sie sind uns oft so präsent, dass wir sie kaum noch wahrnehmen. Hier hilft eine bewusste Selbstreflexion, die unterstützt wird durch Meditation und Achtsamkeit, um die Gedankenmuster aufzudecken, die uns möglicherweise schon ein Leben lang begleiten.

Eine wirkungsvolle Methode, um diese Glaubenssätze zu entlarven, ist die Arbeit mit Fragen wie:

- „Welche Überzeugungen habe ich über mich selbst?"

- „Woher stammt dieser Gedanke?"

- „Dient mir dieser Gedanke oder hindert er mich?"

Chuck Spezzano schlägt vor, diese Fragen durch die eigene „Herzensweisheit" zu beantworten und die Perspektive des Inneren Kindes einzunehmen. Stefanie Stahl betont ebenfalls, wie wichtig es ist, die Glaubenssätze des „Schattenkindes" – also des verletzten, unsicheren Anteils in uns – zu erkennen, um diese mit liebevoller Zuwendung in das „Sonnenkind" zu verwandeln, das voller Lebensfreude und Selbstvertrauen ist.

Glaubenssätze auflösen mit REIKI und den Symbolen SHK und CKR

REIKI bietet eine kraftvolle energetische Unterstützung, um hinderliche Glaubenssätze aufzulösen und innere Blockaden zu lösen, die oft seit vielen Jahren fest verankert sind. Mit den REIKI-Symbolen *SHK* und *CKR* wir gezielt auf die emotionale und energetische Ebene zugreifen und alte Muster sanft auflösen. Während *SHK* besonders für emotionale Heilung eingesetzt wird und hilft, tiefsitzende Gefühle und alte Muster zu klären, wirkt *CKR* als Energieschlüssel, der Blockaden auflöst und die Selbstheilungskräfte aktiviert.

- **Anwendung von Sei He Ki zur Heilung emotionaler Glaubenssätze**:

    1. Setze dich an einen ruhigen Ort, schließe die Augen und nimm einige tiefe Atemzüge, um deinen Geist zu beruhigen.

    2. Zeichne das *Sei He Ki*-Symbol entweder mental oder mit deiner Handfläche in den Bereich deines Herzchakras.

    3. Während du das Symbol zeichnest, sprich leise den Namen *Sei He Ki*, und stelle dir vor, wie seine Energie alle alten, hinderlichen Glaubenssätze umgibt und sanft auflöst.

4. Stell dir vor, dass jeder hinderliche Gedanke oder Glaubenssatz, der in deinem Bewusstsein auftaucht, von der heilenden Energie von *Sei He Ki* umhüllt wird und sich in Licht auflöst.

5. Verweile einige Minuten in dieser Energie und lass sie in alle Bereiche deines Seins fließen.

Diese Übung hilft, die alten Programme auf der energetischen Ebene zu lösen und Raum für neue, positive Überzeugungen zu schaffen.

Verstärkung mit Cho Ku Rei zur Aktivierung von Selbstheilung und innerer Stärke:

1. Deute das *Cho Ku Rei*-Symbol in den Bereich deines Solarplexus hinein, der das Zentrum deiner inneren Kraft und deines Selbstwertgefühls ist.

2. Sprich innerlich oder laut: „Ich aktiviere die Kraft in mir, die mich unterstützt, meine alten Glaubenssätze zu heilen."

3. Visualisiere, wie die Energie des Symbols dein Solarplexus-Chakra mit Licht und Wärme erfüllt und jede Blockade löst, die dich daran hindert, deine innere Stärke und Selbstliebe zu erfahren.

Cho Ku Rei hilft, die Energie freizusetzen, die durch negative Glaubenssätze blockiert wurde, und stärkt das Vertrauen in die eigenen Fähigkeiten.

Atemtechniken und Meditation zur Beruhigung des Geistes

Atemtechniken und Meditation sind wertvolle Werkzeuge, um in einen Zustand der inneren Ruhe und Gelassenheit zu gelangen. Wenn wir tief und bewusst atmen, beruhigt sich der Geist und wir können uns mit unserer inneren Weisheit verbinden. Louise Hay betont die Bedeutung des Atems als Werkzeug, um im Hier und Jetzt anzukommen und den gegenwärtigen Moment zu nutzen, um Veränderungen zu bewirken.

Eine einfache Atemtechnik zur Unterstützung der Auflösung von Glaubenssätzen ist die 4-7-8-Methode:

1. Atme für vier Sekunden tief ein.

2. Halte den Atem für sieben Sekunden an.

3. Atme für acht Sekunden langsam aus und stelle dir
   vor, wie sich alle belastenden Glaubenssätze mit
   jedem Ausatmen auflösen und verschwinden.

Diese Atemtechnik beruhigt den Geist und hilft dabei,
hinderliche Muster loszulassen, während REIKI und die
Symbole *Sei He Ki* und *Cho Ku Rei* die energetische
Heilung fördern.

**Aussöhnung und Annahme als Weg zur
Transformation**

Der Weg zur Heilung ist oft kein lauter Umbruch, sondern
eine stille Rückkehr – zu dem, was in uns nach Liebe ruft.
Viele unserer tiefsitzenden Überzeugungen stammen aus
der frühen Kindheit, aus jener empfindsamen Zeit, in der
wir begannen, die Welt und uns selbst zu begreifen. Das
Innere Kind trägt nicht nur Erinnerungen, sondern auch
Deutungen: Aus Mangel wird ein „Ich genüge nicht", aus
Ablehnung wird ein „Ich bin falsch". Diese Gedanken
werden zu Glaubenssätzen, leise und wirkungsvoll
zugleich.

Ich fasse in Kürze noch einmal zusammen:
Was einst als Schutz diente, wirkt heute wie eine
unsichtbare Grenze. Und doch: In dieser inneren
Landschaft liegt auch unser größtes Heilungspotenzial.
Wenn wir beginnen, das Kind in uns nicht mehr zu
verurteilen oder zu korrigieren, sondern es achtsam in den

Arm zu nehmen, geschieht etwas Erstaunliches. Der Blick weitet sich. Die Geschichte verändert ihren Ton.

Stefanie Stahl beschreibt diesen Prozess als die Annäherung an unser Schattenkind, jenen inneren Teil, der geprägt wurde durch Kränkungen, Missverständnisse und fehlende Zuwendung. Indem wir lernen, diesem Kind Sicherheit und Zuneigung zu schenken, treten wir in eine neue Beziehung zu uns selbst: eine, die nährt statt fordert, annimmt statt abgrenzt. So wächst das Sonnenkind in uns heran – lebendig, mutig, zugewandt.

Auch Wolfgang Döbereiner, dessen astrologisch-archetypisches Denken ein tieferes Verstehen der seelischen Muster anregt, erkannte in diesen frühen Prägungen keine starre Vorherbestimmung, sondern einen Weg, der gegangen werden will. Seine Arbeit macht sichtbar, wie wir in Resonanz mit bestimmten seelischen Rhythmen leben und wie Wandlung möglich wird, wenn wir dem Unbewussten Raum geben.

In diesem sensiblen Prozess kann REIKI wie ein innerer Lichtfaden wirken. Es hilft uns, die feinen Schichten der Verletzung zu durchdringen, ohne zu analysieren oder zu bewerten. REIKI bringt Energie dorthin, wo sie gebraucht wird und lässt das Unsichtbare fühlbar werden. Es unterstützt uns, in Kontakt zu kommen: mit dem verletzten Kind, mit dem schützenden Erwachsenen, mit dem inneren Raum, in dem alles sein darf.

Und genau hier beginnt ein neuer Abschnitt unserer inneren Reise, ein Weg, auf dem Bewusstheit und Energiearbeit sich verbinden. Ein Weg, der uns lehrt, wie kraftvoll Selbstreflexion sein kann – wenn sie getragen wird von Achtsamkeit, Mitgefühl und der heilenden Präsenz von REIKI.

Die Kraft der Selbstreflexion und REIKI zur Transformation von Glaubenssätzen

Manche Glaubenssätze begleiten uns so lange, dass wir sie für unumstößliche Wahrheiten halten. Und doch stammen sie oft aus einer Zeit, in der wir klein, verletzlich und abhängig waren – aus dem kindlichen Versuch, Sicherheit in einer manchmal überfordernden Welt zu finden. Die Arbeit von Stefanie Stahl macht deutlich, wie stark unser „inneres Kind" diese Überzeugungen geprägt hat – und wie sehr unser erwachsenes Ich heute unter ihnen leidet. Louise Hay erinnert uns mit liebevoller Klarheit daran, dass wir unsere Gedanken nicht sind – sondern dass wir sie wählen und neu formen können. Ihre Affirmationen laden ein, das Herz zu öffnen und alte Sätze wie „Ich bin nicht gut genug" durch neue innere Haltungen zu ersetzen: *„Ich bin liebenswert. Ich bin genug. Ich darf heil sein."*

Doch Erkenntnis allein genügt oft nicht. Die tieferliegenden Muster wollen nicht nur verstanden, sondern auch gefühlt, gehalten – und dann in Liebe entlassen werden. Hier bietet REIKI eine tiefgreifende Hilfe: Als stiller Begleiter schafft es einen Raum von Geborgenheit und energetischer Klärung. Die Hände werden zu vermittelnden Brücken, durch die alte Emotionen sanft auftauchen dürfen – ohne überflutet zu werden. Mit REIKI-Symbolen wie *Sei He Ki* (harmonisierend auf Geist und Gefühl) und *Cho Ku Rei* (Verstärkung der Lebensenergie) kann diese Wandlung behutsam begleitet werden. In der Verbindung von Achtsamkeit, Selbstannahme und energetischer Berührung wird die Transformation spürbar: Was einst starr erschien, darf sich neu ordnen.

So führt uns REIKI nicht nur zur Selbsterkenntnis – sondern gibt uns zugleich das Werkzeug an die Hand, um auf energetischer Ebene zu lösen, was im Inneren nicht mehr dienlich ist. Ein liebevolles Loslassen – aus der Tiefe heraus.

REIKI als Transformationswerkzeug: Auflösung alter Muster

REIKI ist viel mehr als nur eine Methode zur Entspannung und Heilung auf körperlicher Ebene. Es ist ein kraftvolles Transformationswerkzeug, das uns dabei unterstützt, alte Muster und festgefahrene Überzeugungen sanft aufzulösen. Diese Muster – oft tief in uns verwurzelte Glaubenssätze und emotionale Blockaden – entstehen in der Kindheit und begleiten uns oft ein Leben lang. Sie beeinflussen, wie wir uns selbst, die Welt und andere Menschen sehen, und können uns daran hindern, unser volles Potenzial zu entfalten.

Durch die Arbeit mit REIKI und den kraftvollen Symbolen wie *Sei He Ki* und *Cho Ku Rei* haben wir die Möglichkeit, diese alten Muster zu erkennen, zu durchdringen und auf energetischer Ebene zu transformieren. REIKI bietet einen Zugang zur inneren Quelle der Heilung und hilft, die Selbstheilungskräfte zu aktivieren, die in uns ruhen. Hier ist ein tiefgehender Blick darauf, wie REIKI als Transformationswerkzeug wirken kann und wie wir es zur Auflösung alter Muster nutzen können.

Was sind alte Muster und wie entstehen sie?

Alte Muster sind Verhaltensweisen, Überzeugungen und emotionale Reaktionen, die wir im Laufe unseres Lebens – oft unbewusst – entwickelt haben. Viele dieser Muster stammen aus unserer Kindheit, einer Zeit, in der wir die Welt ohne Filter wahrgenommen haben. Kinder sind offen und empfänglich für Eindrücke, und so nehmen sie die Verhaltensweisen und Einstellungen ihrer Bezugspersonen ohne zu hinterfragen in sich auf. Diese Muster, ob sie nun förderlich oder hinderlich sind, formen unser Selbstbild, unsere Erwartungen an das Leben und unsere Beziehungen.

Viele dieser Muster bleiben tief in unserem Unterbewusstsein verankert und wirken wie ein unsichtbares Drehbuch, das unser Leben lenkt. Manche Muster sind hilfreich, doch andere können uns zurückhalten, vor allem dann, wenn sie aus negativen Glaubenssätzen entstanden sind. So kann ein Kind, das oft gehört hat „Du bist nicht gut genug", diese Überzeugung als Erwachsener weitertragen und sich dadurch selbst im Weg stehen.

REIKI bietet uns eine Möglichkeit, diese alten Muster zu erkennen und zu transformieren. Durch die Arbeit mit REIKI tauchen wir tief in unser Energiesystem ein, wo diese Überzeugungen oft in Form von Blockaden gespeichert sind. REIKI kann diese Blockaden lösen, das Energiesystem harmonisieren und einen Raum schaffen, in dem Heilung und Wachstum möglich werden.

REIKI als Schlüssel zur Transformation

Es gibt Momente, in denen sich etwas regt, tief in uns, ganz leise, fast scheu. Ein altes Gefühl, ein Satz, der uns durch viele Jahre begleitet hat, taucht auf wie aus dem Nichts: *„Ich bin nicht gut genug ..."* oder *„Ich darf nicht schwach sein ..."* Und vielleicht spürst du, dass genau jetzt der Zeitpunkt gekommen ist, diesen inneren Stimmen liebevoll zu begegnen.

REIKI kann in solchen Momenten eine sanfte, doch tiefgreifende Begleitung sein. Nicht als schnelle Lösung oder als Vermeidung des Schmerzes, sondern als Raum, der es dir erlaubt, dich mit dem zu zeigen, was schon lange gehört werden will. Wenn du mit REIKI arbeitest, ob allein oder gemeinsam mit einem REIKI-Vermittler, entsteht ein energetisches Feld, in dem du dich gehalten, gesehen und sicher fühlen darfst. Tränen dürfen fließen. Gefühle, die lange eingefroren waren, dürfen auftauen. Und du darfst spüren: *„Ich bin nicht mehr das Kind von damals. Ich bin heute erwachsen. Ich bin da."*

In genau diesem Erleben liegt die Kraft von REIKI. Es stärkt dein inneres Gleichgewicht, dein Mitgefühl mit dir selbst und es lädt das innere Kind ein, Vertrauen zu fassen. Es muss nichts mehr allein aushalten. Es darf sich anlehnen. Es darf loslassen. Die Symbole *Cho Ku Rei* und *Sei He Ki* können dich dabei liebevoll unterstützen: *Cho Ku Rei* schenkt dir Kraft, Klarheit und einen schützenden Raum. *Sei He Ki* hilft, aufsteigende Gefühle einzuordnen, sie nicht mehr zu fürchten und sie schließlich in Frieden zu entlassen.

Vielleicht merkst du beim Lesen: Es geht nicht darum, alte Muster einfach „wegzumachen". Sondern darum, sie zu verstehen, zu würdigen und dann mit offenem Herzen loszulassen.

REIKI begleitet dich auf diesem Weg mit Wärme, Präsenz und stiller Kraft. So wird Heilung nicht zu einer Aufgabe, sondern zu einem tiefen Sich-Erinnern:

Du bist gehalten.
Du bist nicht allein.
Und du darfst jetzt weitergehen:
leichter, freier, vollständiger.

Atemtechniken und Meditation zur Verstärkung der REIKI-Transformation

Eine der wirksamsten Möglichkeiten, REIKI für die Transformation alter Muster zu nutzen, ist die Kombination von REIKI mit Atemtechniken und Meditation. Der Atem spielt eine zentrale Rolle, wenn es darum geht, loszulassen und den Geist zu beruhigen. Durch bewusstes Atmen gelangen wir in einen Zustand der inneren Ruhe, der es uns ermöglicht, tief sitzende Blockaden und negative Gedankenmuster zu erkennen und sanft loszulassen.

Einige Schritte für eine transformierende REIKI-Meditation:

1. **Vorbereitung**: Setze dich an einen ruhigen Ort, schließe die Augen und atme einige Male tief ein und aus, um den Geist zu beruhigen.

2. **Cho Ku Rei für Klarheit und Kraft**: Zeichne das *Cho Ku Rei*-Symbol über dich oder visualisiere es mental, während du den Namen des Symbols mehrmals wiederholst. Spüre, wie die kraftvolle Energie von *Cho Ku Rei* wie ein Lichtstrahl durch deinen Körper strömt und alte Blockaden löst.

3. **Sei He Ki für emotionale Heilung**: Zeichne oder visualisiere das *Sei He Ki*-Symbol über deinem Herzchakra. Stelle dir vor, wie die Energie des

Symbols tief in dein Herz einfließt und alte
emotionale Muster löst. Lass alles los, was dir nicht
mehr dient.

4. **Atemtechniken zur Verstärkung der
Transformation**: Atme tief in den Bauch ein und
stelle dir vor, dass du beim Einatmen positive,
heilende Energie in dich aufnimmst. Beim
Ausatmen lasse alle negativen Gedanken, Sorgen
und Muster los, die du nicht mehr brauchst.

Diese Meditation kann dir helfen, tiefliegende Blockaden
und negative Glaubenssätze aufzulösen und durch eine
neue innere Klarheit und Gelassenheit zu ersetzen.

Aussöhnung und Annahme als Weg zur Heilung

Die Transformation alter Muster ist ein Prozess, der
Aussöhnung und Annahme erfordert. Louise Hay, eine
Pionierin im Bereich der Selbstheilung, betonte immer
wieder, wie wichtig es ist, sich selbst zu vergeben und
anzunehmen, um tiefgreifende Heilung zu erfahren.
Vergebung bedeutet in diesem Zusammenhang, sich
selbst von alten, negativen Überzeugungen zu befreien,
den vergangenen Schmerz loszulassen, der diese Muster
ursprünglich hervorgebracht hat.

In Kombination mit REIKI können wir eine bewusste
Praxis der Vergebung und Selbstannahme kultivieren.

Dabei kann eine Affirmation helfen, wie zum Beispiel: „Ich vergebe mir selbst und lasse alle alten Muster los, die mir nicht mehr dienen." REIKI unterstützt diese Affirmation, indem es die energetische Resonanz verstärkt und uns hilft, diese Vergebung tief in uns zu verankern.

Durch diese Aussöhnung und Annahme entsteht ein Raum, in dem Selbstliebe und innerer Frieden wachsen können. Indem wir die alten Muster loslassen und neue, positive Überzeugungen über uns selbst und unser Leben entwickeln, finden wir zu einer neuen inneren Balance und Klarheit.

REIKI als Weg zur inneren Stärke und Resilienz

Die Transformation alter Muster bringt uns zurück zu unserer inneren Stärke und Resilienz. Wenn wir die alten Programme, die uns im Weg standen, durch REIKI aufgelöst haben, können wir neue, stärkende Überzeugungen entwickeln, die uns in unserem Wachstum und unserer Entfaltung unterstützen. REIKI hilft uns, in Resonanz mit unserem höchsten Selbst zu kommen, und schenkt uns die Kraft, das Leben in seiner vollen Tiefe und Schönheit zu erleben.

Diese innere Stärke ermöglicht es uns, auch in schwierigen Zeiten in unserer Mitte zu bleiben und uns nicht von äußeren Umständen aus der Ruhe bringen zu lassen. Durch die regelmäßige Praxis von REIKI gewinnen wir das Vertrauen in unsere eigenen Fähigkeiten und die

Überzeugung, dass wir unser Leben nach unseren eigenen Vorstellungen gestalten können. REIKI ist nicht nur ein Werkzeug zur Transformation, sondern auch ein Weg, um unser wahres Potenzial zu entfalten und ein Leben voller Freude, Frieden und Fülle zu führen.

REIKI als kraftvolles Transformationswerkzeug zur Auflösung alter Muster

REIKI ist ein wunderbares Transformationswerkzeug, das uns hilft, alte Muster und negative Glaubenssätze sanft und nachhaltig aufzulösen. Durch die Arbeit mit den Symbolen *Cho Ku Rei* und *Sei He Ki* können wir Blockaden auf der energetischen und emotionalen Ebene lösen und die Selbstheilungskräfte aktivieren, die uns auf unserem Weg zur inneren Freiheit und Stärke unterstützen. REIKI schenkt uns die Möglichkeit, uns von vergangenen Wunden zu befreien und unser Leben bewusst und voller Selbstliebe zu gestalten.

Mit REIKI als Begleiter finden wir zu einer neuen Klarheit und Selbstakzeptanz, die uns erlaubt, das Leben aus einer neuen Perspektive zu betrachten. Die Transformation alter Muster ist der Schlüssel zu einem erfüllten und authentischen Leben, das im Einklang mit unserer wahren Essenz steht.

Das Innere Kind und zwischenmenschliche Beziehungen

Unsere zwischenmenschlichen Beziehungen sind oft der Spiegel unserer inneren Welt, und das Innere Kind spielt dabei eine zentrale Rolle. Es repräsentiert die Summe unserer frühesten Erfahrungen und prägt, wie wir mit anderen Menschen in Beziehung treten. Viele der Muster, die wir in unseren Beziehungen leben, wurden bereits in der Kindheit geformt und wirken oft unbewusst in uns weiter. In der Arbeit von Erika J. Chopich, Robert Betz und Chuck Spezzano finden sich wertvolle Ansätze, um diese inneren Muster zu erkennen und zu verändern, um dadurch gesündere und harmonischere Beziehungen zu führen. REIKI kann uns dabei unterstützen, alte Verletzungen zu heilen und Frieden mit unserer Vergangenheit zu schließen, sodass wir mit Offenheit und Selbstverantwortung in unseren Beziehungen leben können.

Bindungsmuster und ihre Einflüsse auf Beziehungen

Die Bindungsmuster, die wir in der Kindheit entwickeln, bilden die Grundlage für unser Beziehungsverhalten im Erwachsenenalter. In unserer Kindheit sind wir vollkommen auf die Fürsorge und Liebe unserer Eltern oder Bezugspersonen angewiesen. Die Art und Weise, wie diese auf unsere Bedürfnisse reagierten, hat unser Selbstbild und unser Vertrauen in Beziehungen geprägt.

Wenn unsere Bezugspersonen liebevoll, präsent und unterstützend waren, lernen wir, dass wir wertvoll sind und dass Beziehungen sicher und stabil sind. Doch nicht immer erleben wir diese stabilen Bindungen.

Erika J. Chopich, Mitbegründerin der „Inner Child Therapy", beschreibt das Innere Kind als eine Sammlung all unserer frühkindlichen Erfahrungen und prägenden Momente. Bindungsmuster wie die ängstliche, vermeidende oder ambivalente Bindung entwickeln sich oft als Schutzmechanismen, um mit den emotionalen Bedürfnissen und Herausforderungen der Kindheit umzugehen. Ein ängstlich gebundenes Kind hat oft die Erfahrung gemacht, dass Liebe und Zuwendung nur unbeständig oder unberechenbar sind. Als Erwachsener sucht es dann oft übermäßige Bestätigung in Beziehungen und fürchtet sich vor Zurückweisung. Ein vermeidend gebundenes Kind hat sich möglicherweise daran gewöhnt, dass seine Bedürfnisse nach Nähe nicht erfüllt werden. Diese Menschen neigen als Erwachsene dazu, Distanz zu schaffen, um sich vor potenziellem Schmerz zu schützen.

Robert Betz betont die Bedeutung der Eigenverantwortung in diesem Prozess. Er erklärt, dass wir zwar keine Kontrolle darüber haben, welche Bindungsmuster sich in der Kindheit entwickelt haben, aber als Erwachsene die Schöpfer-Verantwortung übernehmen können, um diese Muster zu erkennen und zu verändern. Das Erkennen dieser alten Bindungsmuster ist ein wichtiger Schritt zur Heilung, denn es erlaubt uns, die Zusammenhänge zu verstehen und bewusst zu entscheiden, ob wir weiterhin auf diese Weise in Beziehungen agieren möchten.

Beziehungen als Spiegel: Erkennen und verändern destruktiver Muster

Beziehungen bieten uns die Möglichkeit, uns selbst im anderen zu erkennen. Chuck Spezzano beschreibt Beziehungen als „Spiegel unserer Seele", in denen wir die ungelösten Themen unseres Inneren Kindes wahrnehmen können. Destruktive Muster wie Eifersucht, Verlustangst oder das Bedürfnis nach Kontrolle sind oft Ausdruck alter Wunden, die im Erwachsenenalter unbewusst weiterwirken. Wenn wir diese Muster in unseren Beziehungen erkennen, erhalten wir die Chance, uns mit ihnen auseinanderzusetzen und sie zu transformieren.

Ein erster Schritt zur Veränderung besteht darin, diese destruktiven Muster anzunehmen und zu verstehen, dass sie oft aus einem Teil unseres Inneren Kindes stammen, das sich ungehört oder ungeliebt fühlt. Hier wird die Arbeit von Erika J. Chopich besonders wertvoll, da sie betont, wie wichtig es ist, mit dem Inneren Kind in Kontakt zu treten und ihm die liebevolle Zuwendung zu geben, die es braucht. Statt diese Muster als Schwäche oder als etwas Negatives zu betrachten, können wir sie als Signale sehen, die uns auf ungelöste Verletzungen hinweisen.

Robert Betz spricht in diesem Zusammenhang von Selbstverantwortung und Akzeptanz. Er betont, dass wir den Mut haben sollten, unsere eigenen Anteile in einer Beziehung zu hinterfragen, ohne den Partner für unsere emotionalen Reaktionen verantwortlich zu machen. Wenn wir destruktive Muster als Ausdruck alter Verletzungen

sehen, können wir beginnen, Frieden mit unserer
Vergangenheit zu schließen und die innere Freiheit zu
gewinnen, neue und gesündere Wege in Beziehungen zu
gehen.

REIKI kann in diesem Prozess eine unterstützende Rolle
spielen. Durch die Energiearbeit können wir auf der
energetischen Ebene Heilung und Frieden finden und alte
Blockaden sanft lösen. Mit REIKI und speziellen Symbolen
wie *Sei He Ki*, das besonders auf die emotionale Heilung
wirkt, können wir uns mit unserer inneren Welt verbinden
und diese destruktiven Muster auflösen. Die REIKI-
Energie bringt uns in einen Zustand der Ruhe und
Offenheit, sodass wir alte Verletzungen loslassen und
liebevoll mit unserem Inneren Kind in Kontakt treten
können.

REIKI als Unterstützung für harmonische Beziehungen und gesunde Bindungen

REIKI ist ein wertvolles Werkzeug, um uns selbst in unseren Beziehungen besser zu verstehen und alte Muster zu transformieren. Die heilende Energie von REIKI hilft, emotionale Blockaden und alte Verletzungen zu lösen, die uns in unseren Beziehungen zurückhalten. REIKI fördert die energetische Harmonie und schafft einen Raum, in dem wir uns selbst und andere Menschen mit Offenheit und Mitgefühl begegnen können.

Die Arbeit mit REIKI-Symbolen wie *Sei He Ki* und *Cho Ku Rei* kann besonders unterstützend wirken. *Sei He Ki*, das Symbol für emotionale und mentale Heilung, hilft uns, alte Glaubenssätze und Ängste aufzulösen, die oft in unserem Unterbewusstsein verborgen sind. Wenn wir dieses Symbol in unsere REIKI-Praxis einbauen, können wir emotionale Wunden heilen, die das Innere Kind geprägt haben. *Cho Ku Rei*, das Symbol der Kraftverstärkung, unterstützt uns dabei, unsere eigenen Energiereserven zu stärken und uns innerlich stabil zu fühlen, sodass wir uns sicher und geborgen fühlen und dadurch offene, authentische Beziehungen führen können.

Eine Übung, die dabei helfen kann, mithilfe von REIKI harmonische Beziehungen zu fördern, ist die „Herz-zu-Herz-Meditation". In dieser Meditation konzentrieren wir uns auf das Herzchakra und visualisieren, wie heilende REIKI-Energie in diesen Bereich fließt, während wir uns auf die Beziehung zu unserem Inneren Kind fokussieren:

- **Anleitung zur Herz-zu-Herz-Meditation**:

    1. Setze dich an einen ruhigen Ort und schließe die Augen. Nimm einige tiefe Atemzüge, um deinen Geist zu beruhigen.

    2. Lege deine Hände auf dein Herzchakra und stelle dir vor, dass dein Inneres Kind dir gegenüber sitzt.

    3. Zeichne das *Sei He Ki*-Symbol in dein Herzchakra und visualisiere, wie es sich sanft im Herzen deines Inneren Kindes widerspiegelt.

    4. Stelle dir vor, wie heilende REIKI-Energie von deinem Herzen zum Herzen deines Inneren Kindes fließt, und lass die Energie alle alten Verletzungen und Ängste sanft auflösen.

    5. Verweile einige Minuten in dieser Verbindung und sende liebevolle Gedanken der Annahme und Vergebung an dein Inneres Kind.

Diese Übung fördert die Verbindung zu uns selbst und gibt uns die Möglichkeit, alte Muster der Angst oder Unsicherheit aufzulösen, die unser Beziehungsverhalten beeinflussen können. Sie unterstützt uns dabei, inneren Frieden zu finden und eine liebevolle, harmonische Beziehung zu uns selbst und zu anderen Menschen zu entwickeln.

Heilung des Inneren Kindes für erfüllte Beziehungen

In unseren Beziehungen begegnen uns oft nicht nur andere Menschen, sondern auch wir selbst. Mit all unseren alten Sehnsüchten, Ängsten und inneren Bildern davon, wie Nähe sein sollte... oder wie sie nie wieder sein darf. Nicht selten sind es die Stimmen und Erfahrungen unseres inneren Kindes, die sich in partnerschaftlichen Konflikten, im Rückzug oder in der Suche nach Anerkennung zeigen. Und so berührt jedes liebevolle Miteinander auch einen verletzlichen Kern in uns. Es ist eine Einladung zur Heilung.

Die Arbeit von Erika J. Chopich und Chuck Spezzano zeigt eindrücklich, wie tief die Prägungen aus der Kindheit in unsere Beziehungsfähigkeit hineinwirken. Wenn wir beginnen, dem inneren Kind mit offenem Herzen zuzuhören, statt es zu übergehen oder zu überfordern, entsteht ein Raum, in dem Heilung und Entwicklung möglich werden. Robert Betz ergänzt diesen Ansatz mit der Einladung zur radikalen Selbstverantwortung: Nicht um Schuld zu suchen, sondern um aus der Opferrolle zu treten und das Leben bewusst neu zu gestalten. Gerade in der Verbindung mit REIKI entfaltet sich hier eine tiefe Wirkkraft: Die energetische Berührung macht es oft überhaupt erst möglich, sich dem inneren Kind zuzuwende, ohne von alten Gefühlen überwältigt zu werden.

Ein erfahrener REIKI-Vermittler kann dabei zu einem liebevollen Anker werden. Nicht, um Antworten zu geben, sondern um einen Raum zu halten, in dem sich das zeigt, was gesehen und gefühlt werden möchte. In solch geschützten Begegnungen können alte Muster, die uns in Beziehungen gefangen halten, bewusst werden und sich, wenn die Zeit reif ist, in Liebe verabschieden. Das innere Kind spürt: *„Ich bin nicht mehr allein. Ich darf vertrauen."* Und der Erwachsene in uns beginnt, neue, gesündere Wege zu wählen, aus einem Gefühl der inneren Stabilität heraus.

Diese heilsame Beziehung zu uns selbst strahlt aus: in Freundschaften, in Partnerschaften, in Familien. Sie öffnet uns für echte Nähe, für Mitgefühl, für eine stille Freude am Dasein mit anderen. Und sie wirkt weit über das Seelische hinaus: Studien zeigen, dass liebevolle, sichere Bindungen und ein aktives Beziehungsleben das Risiko für Depression und Demenz deutlich senken können. Emotionale Resonanz stärkt nicht nur unser Herz, sondern auch unser Gehirn.

So wird die Arbeit mit dem inneren Kind, gestützt durch REIKI, zu einem Geschenk: für das eigene Leben und für die Beziehungen, die es warm und lebendig machen.

Radikale Vergebung und das Innere Kind

Die Radikale Vergebung nach Colin Tipping ist ein kraftvoller Ansatz, der über die herkömmliche Vorstellung von Vergebung hinausgeht. Anstatt lediglich zu vergeben, was uns verletzt hat, lädt die Radikale Vergebung dazu ein, das Erlebte aus einer völlig neuen Perspektive zu betrachten – als eine Möglichkeit für tiefgreifendes Wachstum und spirituelle Heilung. Insbesondere das Innere Kind profitiert von dieser Form der Vergebung, da es alte Wunden loslassen und inneren Frieden finden kann. In diesem Text werden wir das Konzept der Radikalen Vergebung und die Rolle des Inneren Kindes beleuchten sowie praktische Übungen und REIKI-Methoden vorstellen, die helfen, Heilung und Vergebung im Alltag zu verankern.

Einführung in das Konzept der Radikalen Vergebung nach Colin Tipping

Das Konzept der Radikalen Vergebung wurde von Colin Tipping entwickelt und unterscheidet sich grundlegend von der klassischen Vergebung. Während herkömmliche Vergebung oft bedeutet, einem anderen für ein erlittenes Unrecht zu vergeben, geht die Radikale Vergebung einen Schritt weiter: Sie sieht das Leben als eine Folge von Erfahrungen, die nicht zufällig geschehen, sondern uns helfen sollen, uns selbst besser zu verstehen und spirituell zu wachsen.

Colin Tipping betont, dass es oft unsere eigenen „Schmerzpunkte" und unbewussten Überzeugungen sind, die uns bestimmte Ereignisse als besonders verletzend empfinden lassen. Radikale Vergebung bedeutet, diese Ereignisse als „Lehrer" zu betrachten, die uns wertvolle Lektionen über uns selbst und unser Leben beibringen. Sie lädt uns ein, das Erlebte aus einer höheren Perspektive zu sehen und zu erkennen, dass alles, was geschieht, letztlich der eigenen Heilung dient.

Vera F. Birkenbihl unterstreicht in ihren Arbeiten die Kraft des „Umdeutens", also die Fähigkeit, eine Situation aus einem neuen Blickwinkel zu betrachten, um emotionalen Ballast loszulassen. In der Radikalen Vergebung finden wir dieses Prinzip wieder: Indem wir die Geschichte, die wir uns über ein bestimmtes Ereignis erzählen, neu deuten, können wir die Energie transformieren und uns von Wut, Schmerz oder Schuld befreien.

Wie Vergebung tiefgehende Heilung für das Innere Kind ermöglicht

Das Innere Kind repräsentiert die frühesten und oft tiefsten emotionalen Verletzungen, die wir in unserem Leben erfahren haben. Viele dieser Wunden entstehen, wenn unsere Bedürfnisse in der Kindheit nicht erfüllt wurden oder wir das Gefühl hatten, nicht geliebt oder wertgeschätzt zu werden. Diese alten Verletzungen werden häufig im Unterbewusstsein festgehalten und wirken sich bis ins Erwachsenenalter auf unser Selbstbild, unser Verhalten und unsere Beziehungen aus.

Robert Betz betont, wie wichtig es ist, das Innere Kind zu heilen, um zu einem erfüllten Leben zu finden. Er beschreibt das Innere Kind als einen verletzten Anteil in uns, der nach Verständnis, Zuwendung und Vergebung sucht. Radikale Vergebung bietet hier eine besondere Möglichkeit, die Heilung des Inneren Kindes zu fördern. Indem wir alte Verletzungen aus einem neuen Blickwinkel betrachten und die Schuld oder Wut loslassen, die wir gegenüber anderen oder uns selbst empfinden, schaffen wir Raum für Heilung und Selbstakzeptanz.

Für das Innere Kind bedeutet Radikale Vergebung, dass es endlich Frieden mit der Vergangenheit schließen kann. Es lernt, dass die schmerzhaften Erfahrungen, die es durchlebt hat, nicht seine Schuld waren und dass es dennoch geliebt und wertvoll ist. Durch diesen Vergebungsprozess kann das Innere Kind eine neue innere Stabilität und Gelassenheit entwickeln, die sich positiv auf das gesamte Leben auswirken.

Praktische Schritte der Radikalen Vergebung im Alltag und in der REIKI-Praxis

Die Radikale Vergebung lässt sich durch bewusste Schritte im Alltag umsetzen, die helfen, alte Verletzungen und negative Gedankenmuster aufzulösen. Colin Tipping schlägt mehrere Phasen vor, um den Prozess der Radikalen Vergebung zu durchlaufen:

1. **Das Ereignis anerkennen**: Der erste Schritt besteht darin, das Erlebte anzuerkennen, ohne es zu verdrängen oder abzuwerten. Das bedeutet, sich selbst einzugestehen, dass eine Verletzung oder ein Schmerz existiert.

2. **Gefühle zulassen**: Oft neigen wir dazu, unangenehme Gefühle wie Wut, Trauer oder Enttäuschung zu unterdrücken. Doch um eine echte Transformation zu ermöglichen, müssen diese Gefühle gefühlt und akzeptiert werden.

3. **Das Ereignis umdeuten**: Hier kommt das Prinzip der Umdeutung ins Spiel. Versuche, das Geschehene als Teil deines persönlichen Wachstums zu betrachten. Frage dich, was du aus dieser Erfahrung lernen kannst und wie sie dich auf deinem Lebensweg vorangebracht hat.

4. **Die Verantwortung übernehmen**: In der Radikalen Vergebung geht es auch darum, die eigene Verantwortung zu erkennen. Das bedeutet nicht, die Schuld auf sich zu laden, sondern zu

akzeptieren, dass wir selbst Schöpfer unserer Reaktionen sind.

5. **Frieden schließen und loslassen**: Der letzte Schritt besteht darin, Frieden mit dem Geschehenen zu schließen und das Erlebte loszulassen.

In der REIKI-Praxis lässt sich dieser Prozess unterstützen. Die REIKI-Symbole *Sei He Ki* (für emotionale Heilung) und *Cho Ku Rei* (für die Verstärkung der Energie) sind wertvolle Werkzeuge, um die Energien der Vergebung und Heilung zu verstärken. Indem du REIKI auf die betroffenen Bereiche deines Körpers oder auf dein Herzchakra anwendest, kannst du alte Blockaden lösen und deine innere Harmonie wiederherstellen.

Übungen zur Vergebung für sich selbst und andere mithilfe des REIKI und Radikaler Vergebung

Es gibt einige wirksame Übungen, die helfen, Radikale Vergebung und REIKI miteinander zu verbinden und die Heilung des Inneren Kindes zu unterstützen.

Übung 1: Meditation der Radikalen Vergebung mit REIKI
Diese Meditation hilft, alte Verletzungen loszulassen und einen tiefen Zustand der inneren Ruhe zu erreichen.

- Setze dich an einen ruhigen Ort und schließe die Augen. Atme einige Male tief ein und aus, um deinen Geist zu beruhigen.

- Zeichne das *Sei He Ki* über dein Herzchakra und visualisiere, wie die heilende Energie von REIKI in dein Herz fließt.

- Denke an eine Situation oder eine Person, die dir Schmerz oder Verletzung zugefügt hat, und lasse die damit verbundenen Gefühle zu.

- Wiederhole innerlich die Worte: „Ich erkenne und akzeptiere diese Erfahrung als Teil meines Weges. Ich bin bereit, sie loszulassen und Frieden zu finden."

- Lasse die REIKI-Energie tief in dein Herz und deine Seele fließen und spüre, wie sie die alte Wunde heilt und dich mit einem Gefühl der Leichtigkeit und des Friedens erfüllt.

Übung 2: Vergebungsbrief schreiben und energetisch loslassen

Eine wirksame Methode, um alte Gefühle zu transformieren, ist das Schreiben eines Vergebungsbriefes.

- Nimm dir Zeit und schreibe an eine Person, die dich verletzt hat, oder auch an dich selbst. Drücke in dem Brief alle Gefühle und Gedanken aus, die du hast.

- Zeichne das *Cho Ku Rei*-Symbol auf den Brief und stelle dir vor, wie REIKI-Energie alle negativen Gefühle in deinem Herzen und deinem Energiesystem auflöst.

- Lies den Brief laut vor und sprich anschließend die Worte: „Ich lasse dich frei. Ich lasse mich frei. Ich vergebe und bin bereit, in Frieden weiterzugehen."

- Verbrenne den Brief anschließend oder lege ihn zur Seite, um den Vergebungsprozess energetisch abzuschließen.

Übung 3: Selbstvergebung durch REIKI und positive Affirmationen

Louise Hay hat stets die Bedeutung positiver Affirmationen betont. Eine Affirmation hilft uns, ein neues inneres Selbstbild zu erschaffen.

- Zeichne das *Sei He Ki*-Symbol über deinem Herzchakra und sage dir innerlich: „Ich vergebe mir selbst für alles, was ich getan oder nicht getan habe."

- Wiederhole innerlich die Affirmation: „Ich akzeptiere mich, so wie ich bin, und ich bin bereit, in Liebe und Frieden mit mir zu sein."

- Lasse REIKI-Energie in dein Herz und deine Seele fließen, während du dir selbst die Erlaubnis gibst, alle Schuld oder Scham loszulassen.

Diese Übungen fördern nicht nur die Vergebung, sondern bringen auch das Innere Kind in Einklang und ermöglichen ihm, alte Verletzungen und Schuldgefühle loszulassen.

Radikale Vergebung und das Innere Kind

Die Radikale Vergebung nach Colin Tipping ist ein kraftvoller Weg zur Heilung und Transformation, der insbesondere dem Inneren Kind eine tiefe Entlastung bringen kann. Die Ansätze von Vera F. Birkenbihl und Robert Betz unterstützen diesen Prozess durch Reflexion und die Übernahme von Selbstverantwortung. Mithilfe von REIKI und gezielten Vergebungsübungen können wir alte Wunden sanft heilen und unser Inneres Kind befreien, sodass es in Liebe, Frieden und Selbstakzeptanz leben kann.

Die Verbindung von REIKI und Radikaler Vergebung ermöglicht es uns, auf einer energetischen und emotionalen Ebene Frieden mit der Vergangenheit zu schließen und neue, erfüllende Beziehungen zu uns selbst und anderen aufzubauen. Dieser Weg führt uns nicht nur zur Heilung alter Wunden, sondern auch zu einem neuen, freieren Leben, das in Liebe und Vergebung verwurzelt ist.

Der energetische Vergebungsraum mit HSZSN

Diese geführte Visualisierung kann dich begleiten, wenn du bereit bist, alte Verletzungen zu erlösen – nicht durch Vergessen, sondern durch liebevolles Freilassen. Du betrittst einen inneren Raum, in dem du dir selbst und anderen auf einer höheren Ebene begegnen darfst. REIKI, insbesondere das Symbol **Hon Sha Ze Sho Nen**, hilft dir, über Raum und Zeit hinweg Verbindung, Heilung und Lösung zu ermöglichen.

Vorbereitung:

- Nimm dir etwa 20–30 Minuten ungestörte Zeit.

- Setze dich in eine bequeme Haltung oder lege dich hin.

- Halte ein Bild oder Symbol bei dir, das für dich Frieden verkörpert (eine Blume, ein Stein, ein Licht).

- Aktiviere innerlich das REIKI-Symbol **Hon Sha Ze Sho Nen** – über deine Hände oder im Geiste.

Visualisierter Ablauf:

Stelle dir vor, du stehst an der Schwelle zu einem weiten, lichtdurchfluteten Raum. Es ist ein Raum, der nicht von dieser Welt ist – eine Sphäre reiner Energie. Die Wände bestehen aus Licht. Der Boden trägt dich sanft wie Moos. In der Mitte dieses Raumes leuchtet eine kraftvolle goldene Kugel – sie pulsiert im Rhythmus deines Herzens.

Du gehst langsam auf diese Kugel zu, setzt dich davor und atmest tief ein und aus. Alles ist still. Alles wartet auf deine Bereitschaft.

Nun sprich innerlich: „Ich öffne mich für die Kraft der Vergebung. Ich bin bereit, Altes zu erlösen – in meinem Tempo, in meinem Maß."

Du zeichnest innerlich das Symbol Hon Sha Ze Sho Nen in das Zentrum der Kugel. Die Linien beginnen zu leuchten. Die Zeit öffnet sich.

Jetzt darf eine Person erscheinen, mit der du noch einen alten Schmerz verbindest. Vielleicht ist es ein Elternteil, ein Lehrer, ein alter Freund – oder dein eigenes jüngeres Ich. Lass geschehen, wer kommt. Du brauchst niemanden einladen. Es geschieht.

Du spürst, wie sich zwischen euch ein Energiestrahl bildet – warm, pulsierend. Nicht wertend. Nur verbindend.

Sprich innerlich oder laut: „Ich vergebe dir – nicht, weil du es verdienst. Sondern weil ich frei sein will. Ich entlasse uns beide aus der alten Geschichte."

Lass REIKI durch dich fließen. Stelle dir vor, wie dein Herz sich öffnet – nicht im Schmerz, sondern in Mitgefühl.

Wenn Tränen kommen, ist es gut. Wenn nichts geschieht, ist es auch gut. Alles folgt deinem inneren Rhythmus.

Zum Abschluss verneige dich innerlich vor deinem Gegenüber – nicht als Geste der Unterwerfung, sondern als Zeichen deiner inneren Größe.

Sprich: „Ich danke dir für das, was ich durch dich lernen durfte. Ich gehe jetzt weiter – in meinem Licht."

Atme einige Male tief ein und aus. Lasse das Bild langsam verblassen. Der Raum wird still. Du spürst wieder deinen Körper, deinen Atem, den Raum um dich herum.

Lege zum Abschluss deine Hände auf dein Herz. Spüre nach.

Abschlussimpuls:
„Ich bin frei. Ich bin verbunden. Ich bin in meinem Frieden."

Die Arbeit mit „Liebe, was ist!" von Byron Katie

Byron Katie hat mit ihrem Ansatz „The Work" eine Methode geschaffen, die Menschen auf der ganzen Welt dabei hilft, sich von leidbringenden Gedanken zu befreien. Anstatt äußere Umstände zu verändern, um inneren Frieden zu finden, fordert Katie dazu auf, die eigenen Gedanken zu hinterfragen. Ihr Ansatz basiert auf vier einfachen, aber tiefgehenden Fragen, die es ermöglichen, negative Überzeugungen und Gedankenmuster zu erkennen und aufzulösen. Besonders hilfreich ist diese Arbeit, wenn es darum geht, sich mit dem Inneren Kind zu versöhnen und alte emotionale Verletzungen zu heilen. In Kombination mit REIKI und den Einsichten von Vera F. Birkenbihl und Robert Betz ergibt sich ein kraftvoller Weg zur Selbstheilung und zum inneren Frieden.

Einführung in Byron Katies Ansatz: Die vier Fragen

Byron Katies Methode „The Work" beginnt mit der Erkenntnis, dass nicht die äußeren Umstände uns Leid bringen, sondern unsere Gedanken über diese Umstände. Wenn wir bestimmte Überzeugungen über uns selbst, andere Menschen oder die Welt festhalten, entstehen oft negative Gefühle wie Angst, Ärger oder Schuld. Katie fordert uns dazu auf, diese Gedanken zu hinterfragen, anstatt sie einfach als „wahr" zu akzeptieren.

Die vier Fragen von Byron Katie sind:

1. **Ist das wahr?**

2. **Kannst du mit absoluter Sicherheit wissen, dass das wahr ist?**

3. **Wie reagierst du, was passiert, wenn du diesen Gedanken glaubst?**

4. **Wer wärst du ohne diesen Gedanken?**

Diese Fragen öffnen einen Raum der Reflexion, in dem wir unsere Überzeugungen auf eine neue Weise betrachten können. Sie helfen uns, Abstand zu gewinnen und unsere Gedanken aus einer Perspektive des Mitgefühls und der Neugier zu betrachten. Vera F. Birkenbihl betonte ebenfalls die Bedeutung des

„Umdenkens" und „Hinterfragens", um uns von festgefahrenen Gedanken zu befreien und neue, positive Glaubenssätze zu entwickeln.

Die Arbeit mit den vier Fragen ermöglicht eine tiefe Selbstreflexion, die uns erkennen lässt, wie wir uns oft durch unsere Gedanken selbst im Weg stehen. Robert Betz beschreibt diese Selbstreflexion als eine Form der Selbstverantwortung – den Mut zu haben, unsere eigenen Überzeugungen zu überprüfen und die Verantwortung für unsere Gedanken und Emotionen zu übernehmen.

Wie man negative Gedanken untersucht und auflöst

Negative Gedanken haben oft ihre Wurzeln in alten Überzeugungen und Prägungen, die tief im Unterbewusstsein verankert sind. Das Innere Kind, das die Summe unserer frühesten Erfahrungen darstellt, trägt viele dieser Glaubenssätze in sich. Wenn wir als Kinder wiederholt erfahren haben, dass wir nicht gut genug sind oder dass wir nur geliebt werden, wenn wir bestimmte Erwartungen erfüllen, nehmen wir diese Überzeugungen als Wahrheiten an. Diese inneren Programme beeinflussen uns noch im Erwachsenenalter und führen oft dazu, dass wir uns selbst und andere kritisch betrachten.

Die vier Fragen von Byron Katie bieten uns die Möglichkeit, diese Gedanken systematisch zu untersuchen und ihre Wahrheit zu hinterfragen. Der

Prozess ist einfach, aber tiefgreifend: Wenn wir uns fragen, ob ein Gedanke „wahr" ist, beginnen wir, eine Distanz zu ihm aufzubauen. Wenn wir uns fragen, ob wir absolut sicher wissen können, dass er wahr ist, öffnet sich ein Raum für Zweifel und neue Perspektiven. Die dritte Frage führt uns dann tiefer, indem sie uns erkennen lässt, welche Auswirkungen der Gedanke auf unser Leben hat und wie er unser Verhalten, unsere Gefühle und unsere Beziehungen beeinflusst. Die letzte Frage schließlich lädt uns ein, uns vorzustellen, wie unser Leben ohne diesen Gedanken wäre – frei, gelöst und offen.

REIKI kann diesen Prozess auf energetischer Ebene unterstützen, indem es hilft, die emotionalen Blockaden zu lösen, die mit negativen Gedanken verbunden sind. Wenn wir REIKI anwenden, während wir die vier Fragen durchlaufen, kann die heilende Energie von REIKI die inneren Widerstände sanft auflösen und das Energiesystem harmonisieren. Besonders hilfreich ist hier das *Sei He Ki*-Symbol, das für emotionale Heilung verwendet wird und das Loslassen von negativen Gedankenmustern fördert.

Anwendung der vier Fragen in der Arbeit mit dem Inneren Kind und REIKI

Das Innere Kind repräsentiert die verletzten, ungeheilten Anteile in uns, die oft alte Verletzungen und negative Überzeugungen mit sich tragen. Diese Anteile können durch das Hinterfragen unserer Gedanken in einen Raum des Mitgefühls und der Heilung gebracht werden. Byron Katies vier Fragen eignen sich hervorragend, um das Innere Kind auf eine sanfte und liebevolle Weise in diesen Prozess einzubeziehen.

Robert Betz betont die Bedeutung der liebevollen Zuwendung zum Inneren Kind, um es von alten Ängsten und Überzeugungen zu befreien. Die Kombination der vier Fragen mit REIKI bietet uns eine Möglichkeit, die Heilung des Inneren Kindes sowohl auf der mentalen als auch auf der energetischen Ebene zu unterstützen.

Ein Beispiel für die Anwendung könnte folgendermaßen aussehen:

1. Setze dich in einen ruhigen Raum und atme einige Male tief durch.

2. Lege deine Hände auf dein Herzchakra und stelle dir vor, dass dein Inneres Kind dir gegenüber sitzt. Zeichne das *Sei He Ki*-Symbol in dein Herzchakra, um die REIKI-Energie zu aktivieren.

3. Wähle einen negativen Gedanken, den dein Inneres Kind oft mit sich trägt – zum Beispiel „Ich bin nicht liebenswert" oder „Ich bin nicht gut genug".

4. Durchlaufe die vier Fragen mit diesem Gedanken und lade dein Inneres Kind ein, diese Gedanken gemeinsam mit dir zu untersuchen.

   o Frage dich und dein Inneres Kind: „Ist das wahr?" und spüre, welche Reaktion in dir aufkommt.

- o Frage: „Kannst du mit absoluter Sicherheit wissen, dass das wahr ist?" Erlaube dir, Zweifel an dieser Überzeugung zuzulassen.

- o Frage: „Wie reagierst du, was passiert, wenn du diesen Gedanken glaubst?" Achte darauf, welche Gefühle oder Spannungen in deinem Körper entstehen, und lasse die REIKI-Energie sanft hineinfließen.

- o Frage: „Wer wärst du ohne diesen Gedanken?" Spüre in das Gefühl der Freiheit und des Friedens hinein, das sich zeigt.

Diese Übung ermöglicht eine tiefe Versöhnung mit dem Inneren Kind und hilft, alte Überzeugungen zu transformieren, die bisher das Selbstwertgefühl beeinträchtigt haben.

Praxisbeispiele und Reflexionsübungen zu „Liebe, was ist!"

Um die vier Fragen von Byron Katie im Alltag und in der REIKI-Praxis anzuwenden, können Reflexionsübungen und Visualisierungen hilfreich sein. Diese Praxisbeispiele dienen dazu, die Methode regelmäßig zu üben und so nach und nach eine neue Denkweise zu etablieren.

- **Übung 1: Tägliche Gedankenreflexion**
  - Schenk dir täglich fünf bis zehn Minuten Zeit, um deine Gedanken zu beobachten und aufzuschreiben. Identifiziere dabei Gedanken, die sich negativ oder belastend anfühlen.
  - Wähle einen dieser Gedanken aus und durchlaufe die vier Fragen, um ihn zu hinterfragen.
  - Lasse während dieser Übung die REIKI-Energie in dich fließen und visualisiere, wie sie sanft die negativen Gedankenmuster auflöst.

- **Übung 2: Vergebung und Loslassen mit REIKI**

  - Wenn ein negativer Gedanke mit einer bestimmten Person oder Situation verbunden ist, die dir emotionalen Schmerz zugefügt hat, wende die vier Fragen auf diese Situation an.

  - Zeichne das *Sei He Ki*-Symbol über dein Herzchakra und wiederhole die vier Fragen, während du dir vorstellst, wie die REIKI-Energie Frieden in dein Herz bringt.

  - Sage dir selbst innerlich: „Ich vergebe und lasse los, was mir nicht mehr dient."

- **Übung 3: Visualisierung – Leben ohne negative Gedanken**

  - Setze dich entspannt hin und schließe die Augen. Visualisiere, wie du ohne die belastenden Gedanken lebst. Stelle dir vor, wie du dich in einer schwierigen Situation frei und unbeschwert fühlst.

  - Lasse die REIKI-Energie in deinen Körper und Geist fließen und spüre, wie sich die Gedankenmuster sanft lösen und Platz für positive Überzeugungen schaffen.

Die transformierende Kraft von „Liebe, was ist!" und REIKI

Byron Katies „Liebe, was ist!" ist ein kraftvoller Ansatz, der uns lehrt, in jeder Situation Frieden zu finden, indem wir unsere Gedanken hinterfragen und alte Überzeugungen loslassen. In der Kombination mit REIKI bietet dieser Ansatz eine tiefgreifende Methode zur Heilung und Selbstreflexion, die uns erlaubt, alte Muster und negative Gedanken zu transformieren. Die Arbeit mit dem Inneren Kind, wie sie Robert Betz und Vera F. Birkenbihl betonen, wird durch die vier Fragen und die heilende Energie von REIKI unterstützt.

Indem wir das Innere Kind mit den vier Fragen und der liebevollen Energie von REIKI annehmen und heilen, erfahren wir eine tiefe Selbstakzeptanz und inneren Frieden. Der Ansatz von Byron Katie zeigt uns, dass wir selbst die Macht haben, unsere Gedanken zu verändern, und dass wir durch das Loslassen alter Überzeugungen ein Leben in Harmonie und Freude führen können.

Spiritualität und das Innere Kind

Das Innere Kind ist der Teil in uns, der die Summe unserer frühesten Erfahrungen und Emotionen repräsentiert. Es trägt unsere tiefsten Wünsche, unsere kindliche Freude, aber auch unsere Verletzungen und Ängste. Wenn diese frühen Erfahrungen nicht ausreichend verarbeitet oder geheilt wurden, können sie bis ins Erwachsenenalter unsere Entscheidungen, unser Verhalten und unsere Beziehungen beeinflussen. Spiritualität bietet einen kraftvollen Anker, um das Innere Kind in Liebe und Annahme zu heilen. Indem wir uns mit unserer tiefen Essenz verbinden und uns dem gegenwärtigen Moment öffnen, können wir die alten Wunden des Inneren Kindes sanft lösen und inneren Frieden finden. REIKI, spirituelle Rituale und Meditation helfen uns, das Innere Kind zu versöhnen und ein Leben in Freude und Selbstliebe zu führen.

Spiritualität als Anker für die Heilung des Inneren Kindes

Spiritualität ist der Weg zu unserem wahren Selbst, zu einem Zustand, in dem wir uns mit der universellen Kraft und der Vollkommenheit unserer Seele verbunden fühlen. Eckhart Tolle beschreibt diesen Zustand als das „Sein", das tiefe innere Bewusstsein, das im gegenwärtigen Augenblick ruht und frei ist von Angst und Zweifeln. Wenn wir lernen, im Augenblick zu sein, erlauben wir uns, die Geschichten und Verletzungen, die das Innere Kind in uns trägt, loszulassen und Frieden zu finden.

Vera F. Birkenbihl betont die Bedeutung des inneren Beobachters – jener Teil in uns, der die Fähigkeit hat, Gedanken und Gefühle wahrzunehmen, ohne sich von ihnen überwältigen zu lassen. Durch den inneren Beobachter können wir Abstand zu den emotionalen

Mustern des Inneren Kindes gewinnen und diese liebevoll betrachten, anstatt uns von ihnen bestimmen zu lassen. Spiritualität hilft uns dabei, uns in dieser Rolle des Beobachters zu verankern und die Verletzungen des Inneren Kindes mit Mitgefühl und Annahme zu betrachten.

Robert Betz spricht in diesem Zusammenhang von der „Annahme des Selbst" und von der „Selbstliebe" als Grundlage für jede Form der Heilung. Er ermutigt uns, die Verantwortung für unser inneres Erleben zu übernehmen und unser Inneres Kind so anzunehmen, wie es ist – in seiner Verletzlichkeit, aber auch in seiner Freude und Kreativität. Spiritualität hilft uns, das Innere Kind in das Licht der Liebe zu stellen und zu erkennen, dass seine Erfahrungen ein Teil unseres Seelenweges sind. Dieser Anker der Spiritualität schenkt uns die Stärke, Verletzungen aus der Vergangenheit loszulassen und zu einem Zustand der inneren Ganzheit zurückzukehren.

Wie REIKI uns mit unserer tiefen Essenz verbindet

REIKI ist eine Form der Energiearbeit, die darauf abzielt, den Fluss der Lebensenergie zu fördern und das Energiesystem ins Gleichgewicht zu bringen. Diese Energie wird oft als universelle Lebensenergie oder „KI" (Chi, universelle Kraft) bezeichnet. REIKI verbindet uns auf einer tiefen Ebene mit unserer spirituellen Essenz und unterstützt uns dabei, die Wunden des Inneren Kindes zu heilen, indem es energetische Blockaden löst, die aus ungelösten Gefühlen oder Glaubenssätzen entstanden sind.

Durch REIKI öffnen wir uns für die Energie der Heilung und Vergebung und erlauben unserem Inneren Kind, sich sicher und geliebt zu fühlen. Indem wir das *Sei He Ki*-Symbol in die REIKI-Praxis einbauen, das speziell für die emotionale Heilung gedacht ist, können wir gezielt auf alte Verletzungen einwirken und diese auf energetischer Ebene auflösen. REIKI fördert die Selbstliebe und Annahme, da es das Herz öffnet und uns in einen Zustand der bedingungslosen Liebe bringt, die jenseits des Egos existiert – die sogenannte Agape. Agape ist die Form der Liebe, die aus dem Herzen und der Seele fließt und sich nicht auf materielle oder egoistische Wünsche richtet, im Gegensatz zur Eros-Liebe, die oft von persönlichen Erwartungen und Bedingungen begleitet wird.

Durch REIKI erleben wir diese Liebe als ein Gefühl der Ganzheit und Einheit. Es erinnert uns daran, dass das Innere Kind in seiner Essenz vollkommen ist und dass alle Wunden nur die äußeren Erfahrungen betreffen, die es auf seinem Weg gemacht hat. Wenn wir REIKI anwenden, erlauben wir uns, über die Begrenzungen des Egos hinauszuwachsen und das Innere Kind in seiner Vollkommenheit und Unversehrtheit zu erfahren. Diese Verbindung zu unserer Essenz hilft uns, die alten Geschichten und Verletzungen des Inneren Kindes loszulassen und uns in einem Zustand der inneren Ruhe und des Friedens zu verankern.

Rituale und spirituelle Praxis zur Heilung des Inneren Kindes

Spirituelle Rituale und regelmäßige Praktiken sind wertvolle Werkzeuge, um das Innere Kind auf seinem Heilungsweg zu begleiten. Rituale helfen, einen bewussten Raum für die Heilung zu schaffen, in dem wir uns voll und ganz auf das Innere Kind und seine Bedürfnisse einlassen können. Hier sind einige Rituale und Praktiken, die das Innere Kind in seiner Heilung unterstützen können.

Meditation zur Verbindung mit dem Inneren Kind

- Setz dich an einen ruhigen Ort, schließe die Augen und bringe deine Aufmerksamkeit in den gegenwärtigen Moment.

- Atme tief ein und aus und spüre, wie jeder Atemzug dich tiefer in einen Zustand der Ruhe und Gelassenheit bringt.

- Stelle dir vor, dass du deinem Inneren Kind begegnest – vielleicht als ein kleines Kind oder als eine Lichtgestalt. Begrüße es mit Offenheit und Liebe und lade es ein, dir seine Gefühle und Gedanken mitzuteilen.

- Lasse REIKI-Energie in dein Herz und in das Herz deines Inneren Kindes fließen. Visualisiere, wie diese Energie alte Wunden

und Verletzungen heilt und das Innere Kind
mit einem Gefühl der Geborgenheit erfüllt.

- o Verweile einige Minuten in dieser
  Verbindung und sage deinem Inneren Kind,
  dass es sicher ist und geliebt wird.

Diese Meditation hilft, eine tiefe Bindung zu deinem
Inneren Kind aufzubauen und ihm den Raum zu geben,
den es braucht, um sich sicher und geborgen zu fühlen.
Sie fördert das Loslassen alter Wunden und die Öffnung
für die heilende Kraft des Augenblicks.

Das Ritual der Selbstvergebung

- o Schreibe auf, was du dir selbst oder anderen
  Menschen vergeben möchtest. Mache dir
  bewusst, dass Vergebung ein Akt der Liebe
  ist, der dich und dein Inneres Kind von alten
  Belastungen befreit.

- o Lege deine Hände auf dein Herzchakra und
  zeichne das *Sei He Ki*-Symbol, um die
  REIKI-Energie für die emotionale Heilung zu
  aktivieren.

- o Sprich innerlich die Worte: „Ich vergebe mir
  selbst und lasse alle alten Verletzungen los.
  Ich öffne mein Herz für die Liebe und den
  Frieden.“

- o Fühle, wie REIKI-Energie sanft alle belastenden Gefühle und negativen Überzeugungen auflöst und Raum für Selbstliebe und Annahme schafft.

Dieses Ritual hilft dir, alte Emotionen zu lösen, die dein Inneres Kind gefangen gehalten haben. Es schafft die Grundlage für eine neue, liebevolle Beziehung zu dir selbst und ermöglicht dir, die Vergangenheit mit Mitgefühl zu betrachten.

Praxis der Dankbarkeit und Freude im Alltag

- o Das Innere Kind sehnt sich nach Freude, Leichtigkeit und bedingungsloser Liebe. Indem du Dankbarkeit für die kleinen Dinge im Leben kultivierst und Momente der Freude bewusst erlebst, stärkst du die Verbindung zu deinem Inneren Kind.

- o Schreibe jeden Abend drei Dinge auf, für die du dankbar bist, und erinnere dich daran, dass diese Momente die wahre Essenz des Lebens ausmachen.

- o Schenke dir jeden Tag bewusst Zeit für Aktivitäten, die dir Freude bereiten – tanze, male, verbringe Zeit in der Natur oder höre deine Lieblingsmusik. Lade dein Inneres

Kind ein, an diesen Momenten teilzuhaben und sich frei auszudrücken.

Diese Praxis der Dankbarkeit und Freude hilft, das Innere Kind zu nähren und es daran zu erinnern, dass das Leben voller Wunder und Schönheit ist. Es fördert die Offenheit für das Jetzt und die Fähigkeit, das Leben in all seinen Facetten zu genießen.

Spiritualität als Weg zur Heilung des Inneren Kindes

Spiritualität bietet uns einen Anker, um uns mit unserer tiefen Essenz zu verbinden und das Innere Kind in Liebe und Annahme zu heilen. Eckhart Tolle, Vera F. Birkenbihl und Robert Betz zeigen uns, dass der Schlüssel zur Heilung im Augenblick liegt – in der Fähigkeit, das Jetzt ohne Vorbehalte anzunehmen und die Vergangenheit loszulassen. REIKI unterstützt diesen Heilungsprozess, indem es die universelle Lebensenergie kanalisiert und unser Energiesystem ins Gleichgewicht bringt. Die Kombination von spirituellen Ritualen, REIKI und Meditation fördert die Heilung des Inneren Kindes auf einer tiefen Ebene und ermöglicht uns, die Liebe, die Freude und den Frieden in uns wiederzufinden.

Durch diese spirituelle Praxis lernen wir, uns selbst und unser Inneres Kind bedingungslos zu lieben, mit all unseren Stärken und Schwächen. Wir finden zu einer neuen inneren Vollkommenheit und erfahren, dass wir in unserer Essenz bereits heil und vollkommen sind. Spiritualität ist der Weg, der uns zurückführt zu dem, was wir wirklich sind – eine Seele, die frei ist, das Leben in Liebe und Freude zu erfahren.

Praktische Übungen und Meditationen für das Innere Kind mit REIKI

Das Innere Kind – jener Teil in uns, der die Summe unserer frühesten Erfahrungen, Freuden und auch Verletzungen in sich trägt – spielt eine zentrale Rolle für unser Wohlbefinden und unsere emotionale Gesundheit. Wenn das Innere Kind verletzt oder ungelöst ist, wirkt es oft auf subtile Weise in unserem Leben weiter, beeinflusst unser Verhalten, unsere Beziehungen und unser Selbstbild. Mit REIKI, der universellen Lebensenergie, können wir uns sanft um die Wunden des Inneren Kindes kümmern und Heilung auf einer tiefen, energetischen Ebene erfahren. Durch Meditationspraktiken, Übungen zur Selbstannahme und Rituale für Selbstliebe und innere Harmonie schaffen wir Raum, um das Innere Kind liebevoll zu versorgen und mit Freude, Annahme und Mitgefühl zu nähren.

Meditationen zur Heilung des Inneren Kindes durch REIKI

Meditation und REIKI ergänzen sich hervorragend, wenn es darum geht, Heilung in unser Inneres Kind zu bringen. Meditation bringt uns in den gegenwärtigen Moment und erlaubt uns, mit Liebe und Mitgefühl in Kontakt mit unseren Emotionen zu treten. Buddha lehrte, dass Heilung nur im „Hier und Jetzt" stattfinden kann, wenn wir uns dem gegenwärtigen Moment mit voller Offenheit hingeben. REIKI unterstützt uns dabei, indem es die Energie blockierter Emotionen auflöst und das Herz öffnet.

Meditation des inneren Lichts mit REIKI

- Setz dich an einen ruhigen Ort und schließe die Augen. Atme tief ein und aus, bis du in einen Zustand der inneren Ruhe kommst.

- Zeichne das *Cho Ku Rei*-Symbol oder visualisiere ein strahlendes Licht in deinem Herzen, das sich durch deinen Körper und Geist ausbreitet.

- Visualisiere dein Inneres Kind als ein warmes Licht in deinem Herzen. Lade es ein, sich zu zeigen und sich von der heilenden Energie von REIKI berühren zu lassen.

- Stelle dir vor, wie du dein Inneres Kind sanft umarmst und ihm sagst: „Ich bin hier für dich. Du bist sicher. Du bist geliebt." Fühle, wie die REIKI-Energie alte Wunden heilt und das Innere Kind in Liebe hüllt.

o   Verweile einige Minuten in dieser Energie
    der Liebe und des Mitgefühls, bis du spürst,
    dass dein Inneres Kind Frieden und
    Vertrauen erfahren hat.

Diese Meditation des Inneren Lichts bringt Heilung und
Trost in die tiefsten Schichten des Inneren Kindes. Das
Licht von REIKI wirkt hier als sanfter Balsam, der alte
Verletzungen auflöst und das Kind in dir an seine
innewohnende Vollkommenheit und Würde erinnert.

Geführte Meditation für Vergebung und Loslassen mit REIKI

o   Setze dich bequem hin und schließe die
    Augen. Zeichne das *Sei He Ki*-Symbol oder
    visualisiere es auf deinem Herzchakra, um
    die Energie der emotionalen Heilung zu
    verstärken.

o   Stelle dir eine Person oder eine Situation
    vor, die deinem Inneren Kind Schmerz oder
    Leid zugefügt hat. Lasse die Gefühle zu, die
    damit verbunden sind, und beobachte sie
    aus der Rolle des „inneren Beobachters" –
    einem Konzept, das Eckhart Tolle
    beschreibt, um uns zu erlauben, unsere

Gedanken und Gefühle ohne Urteil zu
betrachten.

- o Sage innerlich: „Ich vergebe dir und lasse
  die Vergangenheit los. Ich bin bereit, Frieden
  in mir zu finden."

- o Lasse REIKI-Energie in dein Herz fließen
  und spüre, wie alle Spannungen, Ängste und
  Wut sanft aufgelöst werden. Wiederhole
  dies, bis du ein Gefühl der inneren Harmonie
  und des Loslassens empfindest.

Diese Meditation zur Vergebung hilft, alte Verletzungen zu
transformieren und dein Inneres Kind von emotionalem
Ballast zu befreien. Durch die Anwendung von REIKI wird
der Prozess der Vergebung vertieft und ermöglicht eine
tiefe Reinigung und Heilung.

**Übungen für Selbstannahme, Vergebung und inneren
Harmonie**

Selbstannahme und Vergebung sind grundlegende
Bausteine auf dem Weg zur Heilung des Inneren Kindes.
Jesus lehrte die Kraft der Vergebung und der
bedingungslosen Liebe (Agape), die über das persönliche
Ego hinausgeht. Diese göttliche Liebe, die aus der Quelle
des Seins fließt, hilft uns, unser Inneres Kind anzunehmen
und mit der Vergangenheit Frieden zu schließen.

Übung: Die Spiegelarbeit zur Selbstannahme

- o Stelle dich vor einen Spiegel und schaue dir selbst in die Augen. Atme tief ein und aus, um eine Verbindung zu deinem Inneren Kind herzustellen.

- o Sage dir selbst und deinem Inneren Kind laut oder innerlich: „Ich akzeptiere dich, so wie du bist. Ich liebe dich mit all deinen Erfahrungen und Gefühlen."

- o Zeichne das *Cho Ku Rei*-Symbol über dein Herzchakra und spüre, wie die REIKI-Energie die Worte der Selbstannahme in deinem Herzen verankert.

- o Wiederhole diese Übung täglich, um die Selbstliebe und Selbstannahme zu stärken.

Spiegelarbeit, inspiriert von Louise Hay und Robert Betz, hilft, alte Selbstzweifel und negative Glaubenssätze aufzulösen, die das Innere Kind möglicherweise über sich selbst entwickelt hat. Die heilende Energie von REIKI unterstützt die Affirmationen und fördert eine tiefe innere Akzeptanz.

Übung: Die Vergebung des eigenen Anteils mit REIKI

- o Setz dich ruhig hin und zeichne das *Sei He Ki*-Symbol auf dein Herz, um dich für die Energie der Vergebung und Heilung zu öffnen.

- o Denk an Situationen, in denen du dich vielleicht selbst verurteiltest oder dir Vorwürfe gemacht hast. Erlaube dir, diese Gedanken wahrzunehmen und sie ohne Urteil zu betrachten.

- o Sage innerlich: „Ich vergebe mir für alle meine Entscheidungen, die mich verletzt haben. Ich entscheide mich jetzt für Frieden."

- o Lasse die REIKI-Energie in dein Herz fließen und spüre, wie sich das Gefühl der Selbstvergebung und der inneren Harmonie in dir ausbreitet.

Durch die Vergebung unseres eigenen Anteils schaffen wir Raum für eine liebevolle Verbindung zu unserem Inneren Kind und bauen inneren Frieden auf. REIKI unterstützt diesen Prozess, indem es die energetischen Blockaden auflöst und Harmonie in uns fördert.

Tägliche Rituale für Selbstliebe und innere Heilung

Tägliche Rituale sind ein kraftvolles Werkzeug, um das Innere Kind kontinuierlich zu nähren und ihm Liebe und Geborgenheit zu schenken. Laotse sagte: „Ein großer Mensch ist demütig, ein kleiner Mensch stolz." Rituale der Selbstliebe lehren uns, demütig gegenüber uns selbst zu sein und unser Inneres Kind so anzunehmen, wie es ist.

Ritual der Morgenmeditation für die „Selbstliebe"

- Beginn jeden Tag mit einer kurzen Meditation, um dich mit deinem Inneren Kind und deiner inneren Essenz zu verbinden.

- Zeichne das *Cho Ku Rei*-Symbol über dich selbst oder visualisiere ein Licht, das dich sanft umhüllt und dir das Gefühl von Sicherheit und Schutz gibt.

- Sag dir innerlich: „Ich liebe und akzeptiere mich bedingungslos. Mein Inneres Kind ist sicher und geliebt."

- Spüre, wie die REIKI-Energie dich für den Tag vorbereitet und dich in einen Zustand der Selbstliebe und des inneren Friedens versetzt.

Abendliches Ritual der Dankbarkeit und Freude

- o Bevor du zu Bett gehst, nimm dir einen Moment, um drei Dinge aufzuschreiben, für die du dankbar bist.

- o Denke an Momente des Tages, in denen du Freude empfunden hast, und stelle dir vor, dass dein Inneres Kind diese Freude ebenfalls erlebt.

- o Zeichne das *Sei He Ki*-Symbol auf dein Herzchakra, um die Energie der Dankbarkeit und Freude zu verstärken und dein Inneres Kind in einem Zustand der Harmonie und Zufriedenheit zu halten.

Dankbarkeit und Freude sind kraftvolle Heilkräfte, die das Innere Kind nähren und es daran erinnern, dass das Leben voller schöner Momente ist. Durch dieses Ritual entwickelt das Innere Kind Vertrauen und ein Gefühl der Sicherheit und Fülle.

Ritual der Lichtarbeit für das Innere Kind

- o Setze dich in einen ruhigen Raum, entzünde eine Kerze und lege deine Hände auf dein Herzchakra.

- o Visualisiere dein Inneres Kind in deinem Herzen als ein strahlendes Licht und stelle dir vor, wie dieses Licht sich immer weiter ausdehnt und dein ganzes Sein erfüllt.

- o Lasse REIKI-Energie durch deine Hände in dein Herz und in das Licht deines Inneren Kindes fließen. Fühle die Verbindung und das tiefe Mitgefühl, das zwischen dir und deinem Inneren Kind entsteht.

- o Verweile in dieser Lichtarbeit und sage dir innerlich: „Ich bin eins mit meinem Inneren Kind. Wir sind vollkommen und heil."

Dieses Ritual der Lichtarbeit stärkt die Verbindung zu unserem Inneren Kind und erinnert uns daran, dass wir bereits vollkommen und heil sind. Die heilende REIKI-Energie verstärkt diese Verbundenheit und schenkt unserem Inneren Kind ein Gefühl von Geborgenheit und Liebe.

Heilung des Inneren Kindes durch REIKI, Meditation und spirituelle Rituale

Die Heilung des Inneren Kindes ist eine tiefgehende Reise, die uns zu unserem wahren Selbst führt und uns von alten Verletzungen befreit. Durch Meditationen, Übungen zur Selbstannahme und tägliche Rituale schaffen wir eine Atmosphäre der Liebe, in der das Innere Kind sicher ist und sich entfalten kann. Die spirituellen Lehren von Buddha, Laotse, Jesus, Eckhart Tolle, Vera F.

Birkenbihl und Robert Betz begleiten uns auf diesem Weg und inspirieren uns, uns selbst und unser Inneres Kind mit Mitgefühl und Annahme zu betrachten.

REIKI ist ein kraftvolles Werkzeug, das die Energien dieser Heilung unterstützt und uns mit der universellen Lebensenergie verbindet. Es bringt uns in die Gegenwart, wo wir unser Inneres Kind in Liebe und Freude annehmen können. Durch regelmäßige Praxis erfahren wir eine tiefe innere Harmonie und entwickeln ein Gefühl der Vollkommenheit, das uns auf allen Ebenen des Seins stärkt.

Fallbeispiele und Erfahrungen

Die Arbeit mit REIKI und dem Inneren Kind ist für viele Menschen ein transformierender Weg zu tiefer Heilung und Selbstannahme. Diese Methode hilft nicht nur, körperliche und emotionale Blockaden zu lösen, sondern berührt auch tiefere Schichten des Unterbewusstseins, wo viele unserer frühkindlichen Prägungen und Wunden verborgen sind. Die Erfahrungen von Menschen, die REIKI und die Innere-Kind-Arbeit in ihrem Leben kombiniert haben, zeigen, wie kraftvoll dieser Ansatz sein kann. Es sind Geschichten von Herausforderungen, Ängsten, aber auch von triumphaler Heilung, Vergebung und einer neu gewonnenen inneren Freiheit.

Menschen, die Erfahrungen mit REIKI und die „Arbeit mit dem Inneren Kind" kombinieren

Maria, eine 42-jährige Lehrerin, litt jahrelang an tiefsitzenden Selbstzweifeln und hatte Schwierigkeiten, gesunde Grenzen in ihren Beziehungen zu setzen. Auf der Suche nach Heilung begann sie, REIKI in ihr Leben zu integrieren und sich auf die Arbeit mit ihrem Inneren Kind einzulassen. Durch REIKI erfuhr sie, dass viele ihrer Ängste und Unsicherheiten aus der Kindheit stammten. Sie fühlte oft, sie sei nicht genug. Die REIKI-Sitzungen halfen ihr, sich sanft in diese Emotionen hineinzuversetzen, ohne von ihnen überwältigt zu werden. „Durch REIKI konnte ich endlich mein Inneres Kind sehen

und ihm das geben, was es damals gebraucht hätte –
Liebe und Akzeptanz. Diese Arbeit hat mich so tief
berührt, dass ich heute ganz anders auf mich selbst
schaue", erzählt Maria.

Ein weiteres Beispiel ist Thomas, 35, ein erfolgreicher
Geschäftsmann, der jedoch immer wieder von starken
Versagensängsten geplagt wurde. Thomas entdeckte
durch die REIKI-Praxis und die Innere-Kind-Arbeit, dass
diese Ängste tief mit den Erwartungen verbunden waren,
die seine Eltern an ihn stellten. Durch das „Sei He Ki"-
Symbol und gezielte Visualisierungen während seiner
REIKI-Sitzungen konnte er alte Glaubensmuster auflösen.
„Für mich war es eine unglaubliche Erleichterung, als ich
erkannte, dass diese Ängste nicht wirklich zu mir gehören,
sondern Überbleibsel meiner Vergangenheit sind. Jetzt
fühle ich mich frei und kann endlich selbstbestimmte
Entscheidungen treffen."

Beide Berichte zeigen, wie REIKI in Verbindung mit der
Arbeit am Inneren Kind auf tiefen Ebenen wirkt und oft
langjährige Probleme und Unsicherheiten transformiert.
Die heilende Energie von REIKI und die liebevolle
Hinwendung zum Inneren Kind erlauben es den
Menschen, alte, unbewusste Muster zu erkennen und
loszulassen, um sich auf neue Weise selbst zu erleben.

Herausforderungen und Erfolge auf dem Weg zur Heilung

Der Weg zur Heilung ist jedoch selten einfach. Für viele Menschen, die sich auf die Arbeit mit REIKI und dem Inneren Kind einlassen, treten zunächst schmerzhafte Erinnerungen und Gefühle zutage, die sie zuvor unterdrückt hatten. Maria berichtet, dass sie zu Beginn ihrer Reise oft von Emotionen überwältigt wurde, die sie lange verdrängt hatte. „Es war schwierig, all die Wut und den Schmerz aus meiner Kindheit anzusehen und zu fühlen. REIKI hat mir geholfen, mich sicher zu fühlen und diese Emotionen anzunehmen, ohne von ihnen überwältigt zu werden."

Auch Thomas berichtet von ähnlichen Herausforderungen. Seine Versagensängste waren tief verwurzelt und zu einem Teil seines Selbstbildes geworden. „Zu erkennen, dass diese Ängste eigentlich aus einer Zeit stammen, in der ich noch ein Kind war, war für mich zunächst beängstigend", erzählt er. „Ich musste lernen, meine Gedanken zu beobachten und mich nicht mehr mit diesen Ängsten zu identifizieren. REIKI hat mir dabei geholfen, eine Distanz zu meinen Gefühlen aufzubauen und den Heilungsprozess zu unterstützen."

Die Erfolge auf diesem Weg sind jedoch oft überwältigend und befreiend. Maria erzählt, wie sich nach einigen Monaten der REIKI- und Inneren-Kind-Arbeit ihr Selbstwertgefühl drastisch verändert hat. Sie beschreibt, dass sie heute mehr Geduld mit sich selbst hat und in

Beziehungen klarer kommunizieren kann. „Ich fühle mich heute, als hätte ich mich selbst neu entdeckt", sagt sie. „Diese Arbeit hat mir eine innere Stärke gegeben, die ich zuvor nicht kannte."

Für Thomas war der größte Erfolg, dass er seine Karriereentscheidungen nicht mehr von den Erwartungen anderer abhängig macht. „Früher habe ich meine Ziele danach ausgerichtet, was andere von mir erwarteten. Heute treffe ich Entscheidungen, die mit meinen eigenen Werten und Bedürfnissen übereinstimmen. REIKI und die Arbeit mit meinem Inneren Kind haben mich befreit.

Die Rolle der Radikalen Vergebung und „Liebe, was ist!" in der persönlichen Transformation

Ein wesentlicher Bestandteil des Heilungsweges für viele Menschen ist die Radikale Vergebung nach Colin Tipping und das Konzept „Liebe, was ist!" von Byron Katie. Beide Ansätze bieten eine tiefgreifende Möglichkeit, alte Verletzungen und unbewusste Überzeugungen loszulassen, die das Innere Kind belasten. Für Maria war die Radikale Vergebung der Schlüssel zur Heilung ihrer Wut und Enttäuschung. Durch die Vergebungsarbeit konnte sie alte Erfahrungen in einem neuen Licht sehen und verstehen, dass ihre Eltern sie zwar auf ihre Weise liebten, aber selbst mit eigenen Verletzungen kämpften. „Radikale Vergebung hat mir die Augen geöffnet", erklärt Maria. „Ich konnte endlich loslassen und meine Vergangenheit als Teil meines Weges akzeptieren."

Auch Thomas fand in der Radikalen Vergebung und der Methode von Byron Katie große Unterstützung. Er stellte sich immer wieder die vier Fragen von Katie, um seine Ängste zu hinterfragen und zu transformieren. Die Frage „Wer wäre ich ohne diesen Gedanken?" half ihm, sich von den erdrückenden Erwartungen zu befreien, die ihn in seiner Kindheit und Jugend geprägt hatten. „Die vier Fragen haben mir gezeigt, dass ich die Freiheit habe, meine Gedanken zu verändern. Diese Freiheit hat mir den Mut gegeben, meine eigenen Wege zu gehen."

Beide, Maria und Thomas, fanden durch die Radikale Vergebung und die Methode „Liebe, was ist!" eine neue Perspektive auf ihr Leben und ihre Beziehungen. Durch diese Methoden lernten sie, alte, negative Überzeugungen loszulassen und das Innere Kind in einem Zustand der Akzeptanz und Liebe zu halten. Diese Arbeit führte sie zu einer tiefen inneren Transformation, die ihr gesamtes Leben nachhaltig beeinflusst hat.

Die Heilung des Inneren Kindes durch REIKI, Vergebung und Selbstannahme

Die Erfahrungen von Menschen wie Maria und Thomas zeigen, wie kraftvoll die Arbeit mit REIKI und dem Inneren Kind sein kann. Die Kombination aus energetischer Heilung, Vergebung und Selbstannahme bietet eine umfassende Methode, um alte Wunden aufzulösen und das Innere Kind in einen Zustand des Friedens zu bringen. Die Herausforderungen auf diesem Weg sind oft groß, da viele unbewusste Emotionen und Glaubenssätze zunächst an die Oberfläche kommen. Doch der Erfolg dieser Arbeit zeigt sich in einem tieferen Selbstwertgefühl, klareren Beziehungen und einem erfüllteren Leben.

Die Radikale Vergebung und die Methode „Liebe, was ist!" bieten dabei wertvolle Werkzeuge, um negative Gedanken zu transformieren und alte Verletzungen loszulassen. Die REIKI-Praxis unterstützt diesen Prozess, indem sie das Energiesystem ins Gleichgewicht bringt und ein Gefühl von Sicherheit und Geborgenheit schafft. Wer sich auf diesen Weg einlässt, erfährt, dass Heilung möglich ist und dass das Innere Kind nicht länger unter den Schatten der Vergangenheit leben muss.

Die Arbeit mit REIKI und dem Inneren Kind, ergänzt durch Vergebung und Selbstliebe, öffnet die Tür zu einem neuen, freien Leben voller Freude und innerem Frieden. Die Geschichten von Maria, Thomas und anderen zeigen, dass diese Reise nicht nur möglich, sondern auch zutiefst bereichernd und transformierend sein kann.

Schlusswort

Die Reise zur Heilung des Inneren Kindes ist eine
tiefgreifende und transformierende Erfahrung, die uns zu
unseren Wurzeln führt und uns dabei hilft, die Teile in uns
zu heilen, die oft über Jahre hinweg vernachlässigt oder
verletzt wurden. REIKI, die Arbeit mit dem Inneren Kind,
Radikale Vergebung und Byron Katies Methode „Liebe,
was ist!" sind kraftvolle Werkzeuge, die uns auf diesem
Weg unterstützen. Diese Praktiken sind mehr als nur
Techniken – sie sind Lebensweisen, die uns einladen, in
einen Zustand der inneren Freiheit, Selbstliebe und
Vergebung zu gelangen. Die kontinuierliche Anwendung
dieser Ansätze bietet die Möglichkeit, uns immer wieder
zu reinigen und zu erneuern, sodass wir alte, belastende
Muster endgültig loslassen und ein Leben in Leichtigkeit
und Freude führen können.

**Tiefe Heilung entfalten: Das Zusammenspiel von
REIKI, Innerem Kind, Vergebung und
Bewusstwerdung**

Die Reise zur Heilung und Selbstentdeckung ist nicht
linear; sie ist eine fortlaufende Praxis, die Geduld,
Hingabe und die Bereitschaft zur Veränderung erfordert.
REIKI hilft uns, energetische Blockaden aufzulösen und
unsere Lebenskraft zu stärken, während die Arbeit mit
dem Inneren Kind uns tief in unsere emotionale Welt
eintauchen lässt. Die Radikale Vergebung nach Colin

Tipping lehrt uns, alte Verletzungen aus einem neuen Blickwinkel zu betrachten und zu verstehen, dass alles, was wir erleben, uns etwas über uns selbst und unseren Lebensweg lehrt. Byron Katies Methode der vier Fragen bringt uns dazu, unsere Gedanken zu hinterfragen und jene Überzeugungen loszulassen, die uns daran hindern, in Frieden zu leben.

Durch die regelmäßige Arbeit mit diesen Ansätzen wird Heilung zu einem fortlaufenden Prozess. Jedes Mal, wenn wir uns in einen dieser Aspekte vertiefen, erlangen wir neue Erkenntnisse über uns selbst und die inneren Muster, die unser Leben beeinflussen. Diese Arbeit befreit uns von alten, hinderlichen Strukturen und führt uns zu einem Zustand der inneren Ruhe und Klarheit. Jeder Schritt auf diesem Weg bringt uns tiefer zu uns selbst, sodass wir immer mehr in unserer wahren Essenz leben können – frei, liebevoll und erfüllt.

Ein Aufruf zur Selbstliebe, inneren Freiheit und Vergebung

Der Weg zur Heilung des Inneren Kindes ist vor allem eine Reise der Selbstliebe. So wie wir einem kleinen Kind mit bedingungsloser Zuneigung begegnen, dürfen wir auch lernen, uns selbst mit demselben Mitgefühl zu betrachten. Selbstliebe bedeutet, uns in all unseren Facetten anzunehmen und zu würdigen, ohne uns zu verurteilen. Es bedeutet, unser Inneres Kind zu umarmen und ihm das zu geben, was es vielleicht in der Kindheit vermisst hat: Verständnis, Geborgenheit und Zuneigung.

Innere Freiheit entsteht, wenn wir erkennen, dass wir nicht die Gefangenen unserer Vergangenheit sind. Die Arbeit mit REIKI, Radikaler Vergebung und Byron Katies Ansatz hilft uns, die emotionalen Fesseln der Vergangenheit zu lösen und frei zu werden von alten Glaubenssätzen, die uns im Weg stehen. Vergebung ist der Schlüssel zu dieser Freiheit. Vergebung befreit uns, weil sie es uns erlaubt, loszulassen, nicht nur vom Schmerz, den andere uns zugefügt haben, sondern auch von der Last, die wir selbst tragen. Es ist ein Weg, in Frieden mit uns und der Welt zu sein.

Mache dir bewusst: Du bist der wichtigste Mensch in deinem Leben. Die Liebe und Vergebung, die du dir selbst entgegenbringst, sind das größte Geschenk, das du dir machen kannst. Diese Reise zur Selbstliebe und inneren Freiheit kann transformierend wirken und dein Leben von Grund auf verändern.

Meditation mit dem Lichtkind und Cho Ku Rei

Diese Meditation lädt dich ein, die Essenz deiner Reise zu bewahren. Alles, was du erfahren hast, das Staunen, die Tränen, das Erinnern, das Annehmen, das Loslassen, darf sich nun bündeln in einem Moment der stillen Begegnung mit deinem Lichtkind.

REIKI ist dein Begleiter. Das Cho Ku Rei bringt die Energie in deine Mitte, erdet und stärkt dich für den Alltag. Es hilft dir, das Licht deines Inneren Kindes nicht nur zu spüren, sondern in dein jetziges Leben einzuladen.

Vorbereitung:

- Finde einen geschützten, ruhigen Ort. Zünde, wenn du magst, eine Kerze an.

- Setz dich bequem hin oder lege dich mit leicht erhobenem Oberkörper ab.

- Lege beide Hände auf dein Herz oder auf den Bauch.

Meditation:

Schließe die Augen und atme ruhig und tief. Lass alles los, was dich noch umgibt. Mit jedem Atemzug wirst du stiller. Mit jedem Ausatmen gibst du ab.

Stelle dir nun vor, wie du vor einem Tor stehst – ein weiches Licht schimmert dahinter. Du öffnest es langsam.

Dahinter liegt ein Ort, der nur dir gehört. Vielleicht ein
Garten, ein weiter Raum aus Licht, ein Wald deiner Seele.

> In der Mitte dieses Ortes steht dein Lichtkind.
> Es leuchtet aus sich selbst heraus – sanft, warm,
> klar.
> Es sieht dich an, lächelt und läuft auf dich zu.
> Ihr begegnet euch.
> Herz zu Herz.
> Licht zu Licht.

Du legst nun innerlich das REIKI-Symbol **Cho Ku Rei** um
euch beide. Du sprichst:

„Ich danke dir, dass du mich begleitet hast. Ich danke dir,
dass du mich erinnerst an mein Licht. Ich lade dich ein –
zu bleiben, bei mir. In mir.“

Atme. Fühle. Lass euch verschmelzen. Du nimmst das
Lichtkind in deine Arme, oder du gehst in es hinein – ganz,
wie es geschieht. Du wirst weich. Ganz. Wahr.

Ein letzter Lichtimpuls durchströmt deinen ganzen Körper
– wie ein leuchtendes JA zu dir selbst. Bleib noch einen
Moment in diesem Gefühl. In diesem Strahlen.

Dann komm langsam zurück. Bewege die Finger, die
Füße. Öffne die Augen. Lächle.

„Ich bin Licht. Ich bin getragen. Ich bin ganz.“

Empfehlung zur weiteren Lektüre

Falls dich das Thema vertieft interessiert und du noch mehr erfahren möchtest, gibt es eine Vielzahl an inspirierenden Büchern, die dir helfen können, dein Verständnis und deine Praxis zu erweitern. Hier einige Empfehlungen:

- **Colin Tipping**: „Ich vergebe" Dieses Buch gibt dir einen umfassenden Einblick in die Technik der Radikalen Vergebung und wie sie dir helfen kann, alte Verletzungen loszulassen.

- **Byron Katie**: „Lieben, was ist" – Hier erklärt Byron Katie ihre Methode „The Work" und führt dich Schritt für Schritt durch die vier Fragen, die dir helfen, innere Freiheit zu finden.

- **Eckhart Tolle**: „Jetzt! Die Kraft der Gegenwart" – Dieses Buch zeigt dir, wie du den gegenwärtigen Moment als Weg zur Heilung und Transformation nutzen kannst.

- **Robert Betz**: „Willst du normal sein oder glücklich?" – Robert Betz inspiriert zu einem neuen Verständnis von Selbstliebe und Selbstverantwortung und erklärt, wie wir uns von alten Mustern lösen können.

Hinweis für REIKI-Praktizierende zur Arbeit mit dem Inneren Kind, Radikaler Vergebung und Byron Katies Methode

Als REIKI Eingeweihte/r kannst du die Arbeit mit dem Inneren Kind und die Techniken der Radikalen Vergebung sowie Byron Katies Ansatz in deine tägliche Praxis integrieren, um eine noch tiefere und umfassendere Heilung zu fördern. REIKI eignet sich hervorragend, um emotionale und mentale Blockaden aufzulösen, die das Innere Kind belasten. Mit dem Symbol *Sei He Ki* beispielsweise kannst du gezielt emotionale Wunden ansprechen, während *Cho Ku Rei* die Energie verstärkt und den Heilungsprozess unterstützt.

Anregungen, wie du diese Arbeit in deine REIKI-Praxis einfließen lassen kannst:

- **Meditation mit den REIKI-Symbolen**: Nutze das *Sei He Ki*-Symbol, um in Meditation Kontakt zu deinem Inneren Kind aufzunehmen. Stelle dir vor, wie die Energie des Symbols alte Verletzungen sanft umhüllt und sie in einem Gefühl der Sicherheit und Geborgenheit heilt.

- **REIKI-Sitzungen zur Unterstützung der Vergebungsarbeit**: Verwende das *Cho Ku Rei*-Symbol während einer Vergebungsmeditation, um

dich energetisch zu stabilisieren und zu stärken,
während du dich in Vergebung und Loslassen übst.

- **REIKI und die vier Fragen von Byron Katie**:
  Nutze REIKI, um während der Anwendung der vier
  Fragen von Byron Katie in einen ruhigen und
  entspannten Zustand zu gelangen. Lasse die
  REIKI-Energie sanft fließen, während du deine
  Überzeugungen hinterfragst und neue Perspektiven
  entdeckst.

Weiterführende Ressourcen und Ansprechpartner

Für alle, die tiefer in die Arbeit mit REIKI, dem Inneren
Kind, Radikaler Vergebung und Byron Katies Methode
einsteigen möchten, gibt es zahlreiche Ressourcen und
Ansprechpartner, die dir Unterstützung bieten können:

1. **Lokale REIKI-Gruppen und Seminare** – Viele
   REIKI-Lehrer bieten spezielle Kurse zur Inneren-
   Kind-Arbeit an, die dir helfen können, das Innere
   Kind zu heilen und zu stärken – siehe auch:
   www.onnnea-hh.de

2. **Radikale Vergebung-Seminare und Workshops**
   – Verschiedene Therapeuten und Coaches bieten
   Seminare zur Radikalen Vergebung nach Colin
   Tipping an, die dir helfen können, diese Methode in

einer unterstützenden Gemeinschaft zu erlernen. –
siehe auch: www.onnnea-hh.de

3. **Byron Katies „The Work"-Gemeinschaft** –
Online-Gruppen und Workshops zu Byron Katies
Methode „The Work" sind weltweit verfügbar und
bieten dir die Möglichkeit, mit anderen Menschen
zu üben und dich auszutauschen.

4. **Meditationszentren und Retreats** – Zentren für
Meditation und Achtsamkeit bieten häufig Kurse an,
die sich auf das Innere Kind und die Selbstheilung
konzentrieren. Siehe auch: www.onnnea-hh.de

5. **Bücher, Audiokurse und Videos** – Für eine
selbstständige Praxis findest du zahlreiche Bücher
und Online-Kurse zu den Themen REIKI, Innere-
Kind-Arbeit, Radikale Vergebung und Byron Katies
Methode.

(Siehe auch unter www.onnnea-hh.de)

Diese Ressourcen können dir wertvolle Unterstützung auf
deinem Weg zur Heilung und Selbstannahme bieten und
dich daran erinnern, dass du nicht allein bist. Der Weg zur
Heilung ist ein kontinuierlicher Prozess, und es gibt viele
Menschen, die auf einer ähnlichen Reise sind und dir zur
Seite stehen können.

Abschließende Gedanken

Die Verbindung von REIKI mit der Arbeit am Inneren Kind, der Kraft der Radikalen Vergebung und der befreienden Klarheit von Byron Katies Methode öffnet einen Raum, der weit über das bloße Verstehen hinausgeht. Es ist ein Weg der Heilung, ein Weg zurück zu dir selbst. Ein Weg, der sanft sein darf und zugleich tief. Er fordert dich auf, Verantwortung für dein inneres Erleben zu übernehmen, nicht als Last, sondern als Ausdruck von Selbstachtung und innerer Reife.

Diese Praxis schenkt dir nicht nur Erkenntnis. Sie schenkt dir Begegnung mit deinem wahren Wesen. Mit dem, was in dir geliebt werden will. Und mit jenem Frieden, der nicht von äußeren Umständen abhängig ist. Wenn du bereit bist, dich immer wieder liebevoll dir selbst zuzuwenden, wirst du bemerken: Die alten Wunden verlieren an Schärfe. Und etwas Neues erwacht: leise, lichtvoll, lebendig.

Sei dabei milde mit dir. Heilung ist kein Wettbewerb. Jeder kleine Schritt zählt. Jeder liebevolle Gedanke verändert dein inneres Klima. Und jede Entscheidung für Mitgefühl, dir selbst gegenüber, berührt auch die Welt um dich herum.

Diese Arbeit führt dich nicht fort von dir. Sie bringt dich heim. Zu einem Leben, das getragen ist von Verbundenheit, Freude und innerer Freiheit. Zu einem Herzen, das nicht mehr sucht, sondern erkennt, dass es längst genug ist.

Überblick über die beteiligten Ansätze

Die Reise zu innerer Heilung und Selbstannahme, die REIKI und die Arbeit mit dem Inneren Kind verbindet, wird von einem Schatz an Wissen und Erfahrung getragen. In diesem Buch begegnen wir Ansätzen von Autoren, die auf einzigartige Weise ihren Beitrag zur Heilung und Transformation leisteten und leisten. Ihre Werke und Methoden ergänzen und verstärken sich gegenseitig, und jede Perspektive bringt eine eigene Tiefe und Faszination ein.

Erika J. Chopich
Dr. Erika J. Chopich, Mitautorin von "Aussöhnung mit dem inneren Kind", hat das Konzept des Inneren Kindes populär gemacht und betont die Bedeutung der Beziehung zu diesem Teil in uns. Ihr Ansatz hilft, einen heilenden Dialog mit dem Inneren Kind zu führen und ungelöste Konflikte aus der Kindheit zu integrieren. In Kombination mit REIKI ermöglicht ihre Methode eine liebevolle, energetische Begleitung, die das Innere Kind stärkt und ihm Heilung bringt.

Stefanie Stahl
Mit "Das Kind in dir muss Heimat finden" hat Stefanie Stahl einen Wegweiser geschaffen, um das Innere Kind zu verstehen und emotionale Blockaden zu lösen. Ihr Modell der „Schatten- und Sonnenkinder" bietet einen

verständlichen Zugang zur Selbstreflexion und zeigt, wie unverarbeitete Kindheitserlebnisse unser heutiges Selbstbild beeinflussen. Stefanie Stahl gibt wertvolle Impulse für die Selbstannahme und zeigt, wie sich die Schattenseiten in ein neues Licht rücken lassen.

Vera F. Birkenbihl

Die deutsche Kommunikationsexpertin Vera F. Birkenbihl, bekannt für ihre gehirngerechten Lernmethoden, hat ein tiefes Verständnis für die Mechanismen des Denkens und die Bedeutung von Selbstakzeptanz. Ihre Arbeit inspiriert dazu, sich selbst auf kreative und spielerische Weise zu entdecken und alte Muster aufzulösen. In der Verbindung mit REIKI und dem Inneren Kind lädt Birkenbihls Ansatz dazu ein, alte Glaubensmuster bewusst zu hinterfragen und mit Leichtigkeit anzugehen.

Byron Katie

Byron Katies „The Work" ist ein einfacher, aber tiefgreifender Ansatz, um sich von negativen Gedanken und einschränkenden Überzeugungen zu befreien. Mit vier Fragen, die zur Selbstreflexion anregen, hilft „The Work", belastende Gedankenmuster aufzulösen und einen friedlichen Geist zu entwickeln. In Kombination mit REIKI schafft dieser Ansatz eine Basis für innere Freiheit und fördert die Akzeptanz dessen, was ist – eine Voraussetzung für wahre Heilung und Selbstannahme.

Chuck Spezzano

Dr. Chuck Spezzano, Psychologe und Begründer der „Psychology of Vision", verbindet psychologische

Einsichten mit spirituellen Prinzipien. Sein Ansatz zeigt, wie innere Blockaden und emotionale Verletzungen unser Leben beeinflussen – besonders in Beziehungen. Spezzano ermutigt zur Selbstreflexion und Vergebung und zeigt auf, dass emotionale Wunden durch bewusste Heilungsarbeit gelöst werden können. Seine Lehren bringen in die Arbeit mit dem Inneren Kind eine Tiefe, die es erlaubt, alte Verletzungen sanft loszulassen und sich für mehr Verbundenheit zu öffnen.

Robert Betz

Robert Betz ist bekannt für seine praxisnahen und motivierenden Ansätze zur Selbstliebe und Persönlichkeitsentwicklung. In seinen Werken zeigt er auf, wie Glaubenssätze und Denkstrukturen, die oft in der Kindheit entstanden sind, unser Leben prägen. Betz ermutigt, diese Muster zu erkennen und bewusst zu transformieren. In der Kombination mit REIKI kann seine Arbeit ein Tor sein, durch das man alte Überzeugungen loslassen und ein liebevolles Selbstbild entwickeln kann.

Colin Tipping

Der Ansatz der „Radikalen Vergebung" nach Colin Tipping bietet eine kraftvolle Methode zur Heilung durch Vergebung. Tipping zeigt, wie alte Verletzungen losgelassen werden können, indem wir die Perspektive ändern und die tiefere Bedeutung unserer Erfahrungen erkennen. Radikale Vergebung geht über die klassische Vergebung hinaus und bietet einen Weg, sich von emotionalen Altlasten zu befreien. In Verbindung mit REIKI kann diese Methode dabei helfen, Vergebung und inneren Frieden auf einer energetischen Ebene zu erreichen.

Romano Guardini

Romano Guardini, einer der bedeutendsten christlichen Denker des 20. Jahrhunderts, setzte sich tiefgehend mit der menschlichen Existenz, der Würde des Menschen und der Spiritualität auseinander. Sein Ansatz, das Leben als ständige Begegnung zwischen Mensch und Gott zu verstehen, bietet auch einen faszinierenden Zugang zur Arbeit mit dem Inneren Kind.

Guardini betonte die Bedeutung des Kindlichen in uns – nicht im Sinne von Naivität, sondern als Ausdruck einer ursprünglichen Offenheit, Empfänglichkeit und Fähigkeit zur inneren Erneuerung. Diese Qualitäten, die im Inneren Kind lebendig sind, sind für Guardini zentrale Aspekte der Gottesbegegnung: Wer in der Stille und Demut zu sich selbst findet, öffnet sich für die göttliche Gegenwart.

Durch die Verbindung von Guardinis Ansatz mit der Arbeit am Inneren Kind entsteht ein Weg, der nicht nur zur Selbstannahme führt, sondern auch zur Erkenntnis der eigenen Würde und der unverbrüchlichen Liebe, die jedem Menschen von Gott geschenkt ist.

Literatur

1. REIKI – Die heilende Kraft der Hände, Eurobooks Cyprus Ltd 1999

2. REIKI ganz klar!, Frank A. Petter, Windpferd 2005

3. Das REIKI Feuer, Frank A. Petter, Windpferd 1997

4. Original REIKI-Handbuch des Dr. Mikao Usui, Mikao Usui/Frank a. Petter, Winpferd 1999

5. Die Praxis des REIKI, Dai Komio, Goldmann Arkana1997

6. REIKI – Wohlbefinden durch die Heilkraft der Hände, Brigitte Glaser, Mosaik bei W. Goldmann Verlag, 2001

7. Das REIKI Handbuch, Water Lübeck, Windpferd Verlagsgesellschaft, 1990

8. Die REIKI Praxis, Beate Blaszok/Wulfing von Rohr Urania Verlags AG 1996

9. REIKI-Terapie, Satyam S. Kathrein, Mosaik Verlag 2006

10. REIKI – universelle Lebensenergie, Bodo J. Baginski/Shalilia Sharamon, Synthesis-Verlag 1985

11. WabiSabi – Nicht perfekt und trotztdem glücklich, Chistopher A. Weidner, Knaur 2007

12. Folge dem Ruf deines Herzens, Chuck Spezzano, Heyne Verlag 2000

13. Spiele der Erwachsenen, Dr. med. Eric Berne, Rowolt Taschenbuchverlag 1990

14. "REIKI für Dummies", Nina L. Paul und Birgit Strunz, Wiley-VCH, 2010

15. REIKI in der therapeutischen Praxis, Mark Hosak, Haug; 2. Edition 2021

16. Meditation entschlüsselt, Andreas Schwarz, Goldmann, 2023

17. Ich Vergebe, Der radikale Abschied vom Opferdasein, Colin C. Tipping, Kamphausen Media GmbH, 2004

18. Lassen Sie der Seele Flügel wachsen, Weg aus der Lebensangst, Peter Lauster, Rowolt Taschenbuch Verlag GmbH, 1980

19. Du kannst es!, Durch Gedankenkraft die Illusion der Begrenztheit überwinden, Louise Hay, Wilhelm Heyne Verlag, 4. Auflage 2010

20. Neu denken, neu fühlen, neu leben, Gedanken, die das Leben verändern, Robert Betz Verlag, 3. Auflage 2018

21. Willst Du normal sein oder glücklich?, Aufbruch in ein neues Leben und Lieben, Wilhelm Heyne Verlag, 2011

22. Lieben was ist, Wie vier Fragen Ihr Leben verändern können, Byron Katie mit Stephen Mitchell, Wilhelm Goldmann Verlag, 2. Auflage 2002

23. 115 Ideen für ein besseres Leben, Vera F.
Birkenbihl, mvg-Verlag, 3. Auflage 1998

24. REIKI I, Seminare I, Olaf Reinke, BOD GmbH, 2024

25. REIKI II, Seminre II, Olaf Reinke, BOD GmbH,
2024

Links

1. www.onnnea-hh.de
2. www.planet-wissen.de/kultur/asien/japan/pwiedershintoismuswegdergoetter100.html
3. www.REIKIland.de
4. www.yumpu.com/de

Links: Stand 10.06.2025

Hinweis:

Die oben genannten Informationen verstehen sich als liebevoll zusammengestellte Impulse und bieten keinen Anspruch auf Vollständigkeit. Wenn du tiefer in das Thema eintauchen möchtest, wende dich gern an erfahrene Fachpersonen, Verbände wie *ProREIKI – der Berufsverband e.V.* oder den *Dachverband Geistiges Heilen e.V.* oder nimm direkt Kontakt mit mir auf. Ich begleite dich gern ein Stück auf deinem Weg..

Der Autor

Olaf Reinke studierte Erziehungswissenschaften an der Universität Hamburg und war anschließend viele Jahre in der IT-Branche tätig, sowohl auf Seiten namhafter Hersteller als auch im Dienstleistungssektor. Parallel dazu folgte er seiner inneren Berufung und begann eine Ausbildung im naturheilkundlichen Bereich. In dieser Zeit kam er mit REIKI in Berührung. Es war eine Erfahrung, die sein Leben nachhaltig prägen sollte.

Seit seiner Einweihung zum REIKI-Praktizierenden begleitet er Menschen auf ihrem Weg zu mehr innerer Klarheit und Heilung. Ab 2007 begann er, REIKI-Seminare zu leiten und sein Wissen achtsam weiterzugeben. Im Jahr 2013 entschied er sich für eine vertiefende Ausbildung zum Masseur und Medizinischen Bademeister, ergänzt durch die Qualifikation zum Lymphtherapeuten. Seither verbindet er seine medizinisch-therapeutische Arbeit in einer Hamburger Klinik mit seiner spirituellen Praxis.

Seine Bücher tragen diese Verbindung weiter: 2010 erschien sein erstes Werk „*REIKI – Seminare I*", das 2024 in einer überarbeiteten Neuauflage veröffentlicht wurde. Im selben Jahr folgten sein zweites Buch REIKI II, Seminare II und sein drittes Buch „*REIKI – Seminare IV: Die Lebensregeln, Betrachtungen*", das sich vertieft mit der Philosophie und Weisheit des REIKI beschäftigt.

Danksagung

Von Herzen danke ich allen, die meine Reise mit ihrer
Zeit, ihrem Wissen und ihrem Glauben an dieses Projekt
begleitet haben.
Ein besonderer Lichtstrahl gilt Burkhard Scheidel, Jürgen
Voß, Birgit Schibilla sowie meinen wunderbaren
Schüler*innen. Eure inspirierenden Fragen, euer offenes
Feedback und eure helfenden Hände haben jede Seite mit
Leben gefüllt.

Ihr alle habt mich gelehrt, dass echte Gemeinschaft das
schönste Fundament für Heilung und Wachstum ist. Möge
die Dankbarkeit, die ich empfinde, euch erreichen wie ein
warmer REIKI-Strom: kraftvoll, sanft und von Herzen.